大展好書　好書大展
品嘗好書　冠群可期

大展好書　好書大展
品嘗好書　冠群可期

心靈雅集 81

佛陀與孔子

劉欣如 著

大展出版社有限公司

序　言

在人類悠久的文化長流中，佛陀與孔子都是劃時代的偉人，對後世的貢獻與功德，幾乎難以用語言形容，猶如浩瀚夜空上兩顆燦爛的巨星。即使雙方排在不同方位，但見兩者都能放射光芒、相互輝映，照亮周遭無數微弱昏暗的群星，及地面廣大的生靈萬物。

從世間法說，佛陀與孔子生長於不同年代、活動在不同空間，雖說都是亞洲人，但佛陀一生都教化在印度的恆河兩岸，孔子一輩子也不曾離開過中國社會。

早年兩國交通阻塞，沒有來往，缺乏相互影響的契機，所以兩國民情風俗、宗教信仰、文化背景……等都差異很懸殊，純屬兩個完全不同的世界；然而，佛陀悟道的雋永開示，長期有教無類的教化風範，以及留下的豐碩經藏，不但深深影響到當時的眾多印度百姓，隨著時光流逝，亦相當程度延伸到亞洲其他國家來深化、生根，而今也到世界其他地區……孔子的思想、言教堪稱中國幾千年文化的主軸，孔子的言行、教育哲學被後世中國人奉為圭臬，稱為萬世師表，他主張仁義禮智信，事實上涵蓋中國人日常生活的習慣、善惡取捨的標準，敦親尊賢、交友規範、政治制度、為學之道……等在華人社會根深柢固，雖說今天科學資訊日新月異，世人許多思想觀念、生活規矩、知識倫理等變化巨大，孔子的若干言教有些過時，但其絕大部分依然鏗鏘有力、非常管用……看在佛教徒眼裏，孔子無疑是人間大菩薩，或稱他為菩薩再來人世也絕無異議。

生老病死始終是人間千古的疑案，縱使孔子有非常淵博的世間知識，懂得為人處世的許多大道理，也不愧為大善人，但他卻未必能完全洞悉生命之謎，究竟解脫人生的許多煩惱。他說：「不知生、焉知死？」顯然昧於生死一如的生命智慧，不知生生死死、死死生生到底是怎麼回事？反觀佛陀是人間首位大徹大悟的覺者，悟到出世間的智慧，對生老病死了然於胸，故能究竟解脫六道輪迴，離苦得樂，成為真正的大自在、大覺者。

從佛教的高度看，天下一切眾生都不離三世因果，有前生今生和來生，一生又一生轉動不已，除非證悟成佛，像古印度釋迦族王子悉達多（佛陀出家前的俗名）；否則，誰也難免輪迴之苦。孔子今生被尊為萬世師表，其前生也肯定是位佼佼者，或隱或顯利益過許多眾生，他的善業因果會持續到今生、來生……。

本書不是嚴謹的學術著作，只是筆者學佛多年，而今到古稀年歲，心血來潮，不免回憶早年誦讀過《論語》、《孔子家語》等儒家作品，經過再三咀嚼、仔細分析，把它跟佛理作些粗淺的比較，對照和欣賞，覺得十分有趣。若蒙有緣的讀者不吝指導，一同分享，將是一件意外的榮幸。

目錄

目錄

一、畢生事業不盡相同

孔子說：我十五歲便能專心求學。到了三十歲就能堅定自守，立志不移。到了四十歲，我對所有事理都能了然、不會疑惑。到了五十歲，便知天命道理。到六十歲時，我聽到別人說話，可以分別輕重、是非真假。到了七十歲，我能從心所欲，不會超越法度範圍。（為政篇）

【佛法解說】

以上是孔子生平求學和思想形成的自敘，似乎每隔十年左右，便對人生觀感有不同的看法和境界；真是功力非凡，不愧為萬世師表，幾千年來影響中國社會，層面非常廣泛、相當深遠。

印度釋迦族的悉達多王子出身宮廷，生活舒服，到五、六歲要接受入門式，進入學生時期。在學習時，他的表現極佳，頗令老師吃驚。

他二十九歲出家，投奔當時最著名的宗教家和思想家阿羅羅修習禪定，很快到達「無所有處」境界；之後又拜鬱陀羅為師，很快又到達「非想非非想處」的禪境了。

可是，這兩位宗教思想家的方法，只是為禪定而修禪定，沒有智慧，不能解脫人生苦惱，故無法滿足悉達多修道的目的。於是，他想靠自己開悟，就採用斷食等各種苦行方式，地點在王舍城以西的尼連禪河邊……。

悉達多苦行六年，身體受到重大折磨，仍然不能得到內心平靜，遲遲不能開悟。他發覺自己不過為苦行而苦行。這樣根本無益於開悟，不僅身體極端衰弱，精神也很不安。於是拋棄苦行，另尋別的途徑。

總之，他二十九歲出家，前後修行七年，直到三十五歲才開悟。其間苦行達六年，據悉在他三十五歲那年的五月中旬，坐在菩提樹下，到深夜初更，就完成了四段禪定。當他的心思統一時，就看到自己前世各種生涯——多得數不清的生涯。

他終於明白宇宙的成立和毀滅。並知道自己在這些生涯裏，有過各種姓氏、經驗，也歷經每次的死亡。從這一生轉到那一生，繼續不停地生命旅行。

到了深夜第二更，他看見各個生存者，無不依據自己的業報，歷經生生死死。到了深夜第三更，他如實地悟到一切皆苦。在如此大徹大悟下，他的心始從人慾的貪婪、污穢、無明與束縛下得到解脫。解脫之後，便生出智慧。他深信不再有生、苦和死等生死輪迴。到此為止，無明終於消滅，也能生出無量無邊的智慧。

這時候，黑暗的無明已經消失，悉達多大徹大悟，成為一位大覺悟者，成為人、天共尊的佛陀了。

之後，佛陀接受梵天勸請，開始弘揚佛教五十年，直到娑羅雙樹下進入完全涅槃。

如果比較一下孔子與佛陀的思想觀念，和生平經歷，就知道有很大的不同。孔子的學識、思想、事業和人格修養，堪稱人間師表，值得敬佩。但是，他的一切見解僅限於人間，其所謂「不知生、焉知死」，根本不談人間以外的世界。反觀佛陀在覺悟之前，即以悉達多身分生活於世，不論思想觀念、知識修養，也跟孔子沒有兩樣，都是世間的人上人，但成佛以後的他，已經超出三界，領悟宇宙和人生的根本智慧，遠遠超過世間層次，到達究竟解脫的境界，便不是孔子所能比擬的了。換句話說，孔子只有世間的學識教養，而佛陀除了這些，還有出世間的智慧。

俗話說：「每個偉大人物都有深沉的苦惱。」孔子當然不會例外，學識再淵博，聲望再遠播，曾經受到萬人的敬仰，也仍然有內心的苦惱；對生命的奧秘感到無奈與迷惑，這是天下蒼生的千古宿命，只有佛陀能夠究竟解脫，永遠安樂，而這方面是孔夫子做不到……。例如，佛陀修得神通，那是修持最高禪定而得到的無礙自在，即超人間的不可思議之作用。有神足通、天眼通、天耳通、他心通、宿命通。佛陀除了有這五種神通以外，還修得漏盡通，這是斷盡煩惱，永不再生於迷界的悟力。

孔夫子周遊列國宣揚自己的主張，也曾經短期為官，結果都不甚得意，心裏很苦惱；佛陀也到處宏法，雖然遇到阻撓，他都能迎刃而解，不但沒有人生的苦惱，且始終無礙自在，因為他領悟了宇宙的道理和智慧……。

總之，佛陀懂得三世——過去世、現在世和未來世的因果，以十二緣起；①無明②行③識④名色⑤六入⑥觸⑦受⑧愛⑨取⑩有⑪生⑫老死。來詮釋人生之謎。比起孔子只在人間宣揚仁義道德和禮樂不知浩瀚多少倍？連諸天、阿修羅等六道眾生都來聆聽佛法，遑論人間凡夫？

二、好學精神令人敬佩

㈠、孔子說：為學要常常學習及練習，有所收穫，心裡不是很快樂嗎？（學而篇）

㈡、孔子說：實踐有餘力，再學習詩書禮樂等之事。（學而篇）

㈢、孔子說：君子對飲食不求滿足，對居處不求安適，做事勤勞，說話慎重，又能親近有德行的人來糾正自己的錯誤，這樣可說好學了。（學而篇）

㈣、孔子說：只會學習而不去思索，結果是迷惘而無所得；若只會

思索，不知學習，就會陷於不切實際和偏頗的危險。（為政篇）

㈤、孔子說：十戶人家的小地方，必有像我這樣忠實講信的人，但也沒有人會像我這樣好學。（公冶長篇）

㈥、孔子說：有一個人名叫顏回，很好學……。（雍也篇）

㈦、孔子說：求學好像來不及似的，學到後又怕忘掉。（泰伯篇）

㈧、孔子說：我曾經整天不吃飯，整夜不睡覺，用來思索；但沒有用，倒不如去學習來得好。（衛靈公篇）

㈨、孔子說：只喜歡仁德不喜歡學習，那他所受的蒙蔽是愚昧；只喜歡才智而不喜歡學習，那他所受的蒙蔽是放蕩；只喜歡誠信不喜歡學習，那他所受的蒙蔽是賊害；只喜歡正直不喜歡學習，那他所受的蒙蔽是急切；只喜歡勇敢不喜歡學習，那他所受的蒙蔽是禍亂；只喜歡剛毅不喜歡學習，那他所受的蒙蔽是狂躁。（陽貨篇）

【佛法解說】

本文主旨在「好學」。學佛的歷程是聞、思、修，而這三者都離不開「學」，意謂聞思修三方面皆得精進，才能證悟。所以，學佛修行，強調精進或好學。

佛陀能如實了解一切真理，故徒眾稱他為「正遍知者」。因他能完全了解世間所有動物與非動物之事，故徒眾稱他為「世間解」、「無上士」。又因他能解決一切凡人和神仙的困難，故徒眾稱他為「天人師」。《華嚴經》有一句稱讚佛陀的話：

「天上天下無如佛、十方世界亦無比，
世間所有我盡見，一切無有如佛者。」

但是，佛陀不是一生下來便能掃除一切心智障礙，或學識淵博，而是經過一番「好學」的過程，廣泛地吸收新知識，所以，不論誰和他交談，他都能無所障礙，告訴對方有用的東西，啟發對方許多快樂的秘訣。例如他能暢談文學、科學、哲學、藝術、歷史、天文、時事、讀書方法、交友之道、演講術與休閒方式等……。依據《大智度論》卷二及其他佛經記載，佛陀在出家前就有廣泛的興趣，通曉文學、天文、地理、醫學、辯論、禮儀、占卜、書教、樂舞、美術；同時擅長武術，神力過人，文武兼備……。

就文的方面說，佛陀七歲時已精通六十四類書籍。當時，全國文學最好的學者毗奢密多羅，他是佛陀的家庭教師，也只精通兩類而已，而且佛陀的文學程度遠超過自己的老師。例如有一次，書本上少了兩個字，有位學生問老師，老師回答不出來，反而由佛陀詳細解說。老師慚愧之餘，向淨飯王（佛陀的父親）說：「王子那麼聰明，足當第一流教師，何需再請我來教呢？」

再就武的方面說，佛陀早在當太子時代便精通二十九種武藝。他能用手舉起大象，把牠摔向空中，然後再用手接住大象，大象不傷分毫。在某次射箭比賽中，他一箭射穿了七重鐵鼓，而得到冠軍。

《眾德三昧經》記載，自從佛陀立志追求無上智慧，打算普度天下眾生開始，更是博覽群書，熟練世間所有技藝、醫術、語言、邏輯、韻律，好學不厭。例如在修心養性方面，他不斷學習各種善行，同時教人不倦，把自己最心愛的東西布施給人也毫不吝嗇。

《大智度論》說，佛陀從發願教化眾生以來，勤學世間各種善法與藝術，嚴守各種戒律，用心追求智慧，他只為利人濟世，不求名利果報。

《妙法蓮華經》記載，佛陀早在前世就已經親近過無數聖者，跟他們學習各種法門，今生才能成就這樣高的智慧。

其他許多經典記述佛陀好學的事蹟，不勝枚舉。例如《涅槃經》描述佛陀幾世前到雪山求法，勇猛精進，為了半句詩偈而捨身。《金光明經》記載，佛在幾世前是一位薩埵王子，曾經捨身餵餓虎，完成利他行。《心地觀經》記載，佛本來在若干世前，曾跟彌勒菩薩一同追隨弗沙佛學道，因為比較用功，故比彌勒菩薩早了九劫成佛。從他初發慈悲心，直到成就佛道，已經修了三大阿僧祇劫。所謂「阿僧祇劫」是無數或算不清的意思。

正因為佛陀生生世世非常好學，不僅修習知識，也修行品德，才能斷盡一切煩惱和生死，成就了最高智慧、功德與神通，對一切事情無所不知。

其實，不僅佛陀如此，連追隨他身邊的徒眾也一樣好學。例如一千二百五十位常隨弟子，每天都只在中午前吃一餐，其餘時間都在鍛鍊心智，陶冶品行。所以，他們都能斷盡煩惱，成就了聖者的德行與智慧。最膾炙人口的是一個名叫薄具羅的弟子，追隨佛陀幾十年，從未躺臥，從未睡覺，也從未倚靠任何東西，精神一直自在悠閒。

還有佛教徒耳熟能詳的長爪梵志，名叫摩訶俱絺羅，每次跟姊姊辯論都失敗，讓他懷疑姊姊懷中肯定有個智慧的兒子，把話從母親口裏說出來。為了躲開跟姊姊的辯論，他就出家做梵志。先去南印度讀經書，有人問他想讀什麼經呢？他答說，希望讀完十八種韋馱大經，對方笑他一輩子也不可能精通其中任何一部經。長爪心想：「自己始終辯不過姊姊，才跑出來修學，而今又被人輕視……。」於是，他發誓以後不再剪指甲，除非讀完十八種經書。大家看見他的指甲愈來愈長，便乾脆叫他「長爪梵志」。

他天天努力讀經，果然得到許多啟示，對於各個問題都能理解與批判，同時可以駁倒別人的論點，他覺得自己彷彿一隻大力的瘋象，能夠踐踏一切，來勢洶洶，誰也不能阻止的樣子。總之，一群辯論師都對他心服口服。

後來，他回到家鄉打聽姊姊的兒子。果然天資聰明，名叫舍利弗，八歲就飽讀群經，十六歲能駁倒所有論師，而今成了佛陀弟子。長爪不久拜訪佛陀，相較之下，始知佛陀比自己高明太多，彷彿小巫見大巫，於是他便皈依佛陀了。

孔子的好學不外是知識層面，加上仁道修養，而不是出世間智慧的追求。所以，孔子的學習內涵不如佛陀及佛弟子浩瀚。例如，孔子遇到挫折會長吁短嘆，知識再豐富，修養再高超，也都難免患得患失，很難看得開，放得下，充其量是人間的教師，不能充當六道眾生的導師，可知孔子與佛陀的學習不一樣……。

在知識爆炸的時代，現代人面對日新月異、五花八門的資訊、努力學習和消化，當然不在話下。除此以外，尤其要追求出世間的智慧，努力做個自在人，縱使不能證悟成佛，至少要活得幸福快樂。否則，知識再多，煩惱無窮；與其這樣，不要也罷。所以學習的種類、性質與範圍都要選擇；那就是拋棄邪知邪見、豐富正知正見，除了擁有謀生的技能常識，還要有幸福的人生智慧，那就是親近善知識，或向他們學習，才有快樂的生活。

三、最徹底的求真態度

孔子說：早上悟得真理，就是當晚死了亦不妨！（里仁篇）

【佛法解說】

這是追求真理的最大願望與決心。敢用生命去換取，可見有多麼堅定的志氣。例如《大般涅槃經》提到一位雪山童子，正是這種老師。原來，在他心目中只為求道，為了這個目的，他不惜放棄財產、妻兒、住宅、僕傭和一切身外物，甚至可以拋棄肉身性命。他所以願意這樣做，倒不是想到天上世界，而只想專心修道，證悟和體會生命的真正樂趣。

誰知帝釋天很懷疑雪山童子的求法決心與願心，因為帝釋天見過太多肯發心的人，他們稍微遇到挫折，善心便馬上消失。同樣地，世人也常常表示出堅決的意志要行善，一旦碰到生死苦境，善心立刻不見了。所以，他想試試雪山童子的決心，看他能不能得悟。

帝釋天化身一個恐怖的殺人羅剎，從天上降落到雪山，走到雪山童子身邊站住，同時喊道：

「諸行無常，即生滅之法。」

這是佛在過去世說的半句偈語，不料，雪山童子聽了喜不自勝，彷彿口渴的人找到了泉水。心想：這正是自己所要追求的真理，就決心要向恐怖的羅剎問個明白。誰知羅剎表示自己眼前飢渴交迫，心煩意亂，不願說出後半句偈文。雪山童子苦苦哀求，表示對方若肯說出偈語全文，便終身皈依他為師。無奈，羅剎不懷好意地說：

「我要吃烤人肉，喝人血；從早上到現在還沒有找到我想要，飢渴交加……。」

雪山童子一聽，便說，只要你肯說出那下半句，我願意奉獻自己給你當食物。羅剎懷疑地說：

「難道你真想捨棄自己的肉身，換取只有八個字的下半偈嗎？我不太相信你。」

雪山童子堅定地說：

「你真是孤陋寡聞，如果捨棄瓦器，能夠換得七寶，那誰都願意拋棄。我一直想捨棄污濁的身體，來換得佛身。你若不信我的話，那就請大梵天王、帝釋天和四大天王給我做見證吧！」

接著，雪山童子脫下身上的鹿皮衣，鋪成一個法座，恭敬地說：「請您坐在這裏。」自己合掌下跪，求他說出下半偈。這一來，羅剎才嚴肅地說出下半偈：

「生滅滅已、寂滅為樂」。

之後，羅剎立刻催促他實踐諾言，快把身體獻出來。

雪山童子聽到後半偈，喜不自禁。原來，偈文說：

「在生滅無常的世間，若一直飄泊於生與滅的對立上，就無法得到真正的安心與滿足。只有超越生滅兩者，處在沒有生與滅等煩惱的絕對境界，才有真正快樂和覺悟。」

雪山童子恍然大悟，準備實踐諾言。但突然一想，這樣死去對世人沒有好處，何不將這首偈文——「諸行無常，是生滅法；生滅滅已，寂滅為樂。」永遠流傳呢？他想把偈語寫在身邊的石頭、樹木和路旁，之後爬到樹上。樹神好奇問他何以要爬樹呢？

「我要拋棄肉體，因為我得到一首偈語了。」

「只為了一首十六個字的詩偈嗎？這首詩偈真有這樣的價值嗎？」

「那是相當寶貴的詩偈，雖僅十六個字，卻是貫通前世、現世和來世等三世的諸佛教理。我為這個法而死，既不為名聲、利益和財產，也不想當轉輪聖王、帝釋天和大梵天王。惟一期待的是利益世間一切眾生。僅此一念，而捨身於此。」

只見他一說完話，就不顧一切從樹上縱身往下跳，此時，恐怖的羅剎馬上恢復原相，將他的身體接住，輕輕放在地上，同時恭敬地站在他面前，合掌讚嘆：

「你才是真正的菩薩，對於世間所有眾生，以及迷妄中苦惱的人們來說，正需要佛陀的正確教義……。」

效。

這種為了半偈而奉獻生命的態度，正是學佛的最好典範，值得我們仿

孔子所謂「道」，絕對不是佛法的智慧之道，佛法是佛陀超出三界而悟得的真理，決非人間聰明和知識的結晶，而孔子的「道」是指待人處世的道理，兩者不能混為一談。

佛法的真理，正是讓雪山童子無限歡喜的十六個字——「諸行無常，是生滅法；生滅滅已，寂滅為樂。」只有徹底領悟這首偈文，才能究竟解脫，永遠安樂，不只這一輩子安樂而已；反之，懂得孔子的道理，只能做個仁義君子，未必能證悟成佛，真正自在。總之，孔子之道為「知識」，而佛陀之道才是「智慧」——離苦得樂的秘訣。

通常，為人處事雖然不必用生命去打賭，至少也要全力以赴，才有成績。所謂孤注一擲或放手一搏，也頗似雪山童子追求真理的態度，有時因緣際會，不得不如此！

四、「孝」——放諸四海皆準

㈠、孔子說：武王、周公不愧是天下人所通稱的孝子。所謂孝，就是頗能繼承先人的志願，完成先人事業之類的德行！春秋祭祀時，修好祖廟，陳列祭器，擺設祖先穿過的衣服，供應四季需用的飲食……登上先王的座位，實踐先王的禮儀，演奏先王的音樂，凡是先王尊敬的人和親善的人，都要照樣尊敬；奉祭已死的尊親，如同他生前一樣；奉祭過世的祖先，就像他活著時候一樣，這樣才是孝的極致……。（中庸）

㈡、孔子說：父親在世時，當兒子的人不能自己做主，要看他的志向；父親死後，得看他的行為。在三年守喪期間，沒有改變父親生前所作所為，這可說是孝了。（學而篇）

㈢、孔子說……：父母在時，要依照規定的禮節侍候；死後，也依規定禮節埋葬他、祭祀他。（為政篇）

㈣、孔子說：現代所謂孝順，一般人只知供養飲食，家裡飼養狗和馬也要供給食物，若對父母沒有尊敬心，則跟飼養狗、馬有何差別？（為政篇）

㈤、孔子說：以和顏悅色侍候父母很難，僅僅碰到家裏有事，由年輕人操勞；有了酒食，讓父母吃喝，這樣就算孝順了嗎？（為政篇）

【佛法解說】

從世間法說，孝順父母是天經地義，舉世認同，不論古今中外，皆無異議；但是佛法的孝比起孔子所說的孝順內涵，有它殊勝之處。詳情可從諸經諸論看出端倪。例如：

《孝子經》：「親之生子，懷胎十月，身為重病，臨生之日，母危父怖，其情難言。」

《梵網經》卷下：「孝順乃至道之法，故以孝為戒。」

《大乘本生地觀經》卷二〈報恩品〉：「父有慈恩，母有悲恩，若人恭敬供養一百淨行大婆羅門，一百五通諸大神仙，一百善友，一心供養，滿百千劫，不如一念住孝順心，故應勤加修習孝養父母，與供佛之福等無差別。」

《中阿含》卷三十三。《善生經》：「子當以增益財物，備辦眾事，所欲則奉，自恣不違，所有私物盡以奉上等五事來奉敬父母。」

《五分律》卷二十：「若人百年之中，右肩擔父、左肩擔母，於上大小便利，並以極世珍奇衣食供養，猶不能報須臾之恩，故當盡心盡壽供養父母，若不供養，必得重罪。」

世間的孝順內涵，孔子與佛法的解說大同小異，恐怕外國也差不多，但是，佛教有出世間的大孝，就是用佛法來開導父母，例如：

《毘尼母經》卷二：「若父母貧苦，應先授三歸、五戒、十善，然後施與；此蓋以出世間之孝方能令父母離苦得樂。」

總之，世間的孝止於一世，為孝之小者；而出世間之孝，無時而盡，因父母生淨土，福壽不止，如恒河沙劫，是為大孝。眾生能孝敬父母，便能招感少病、端正、有大威勢、生上種族、多有資生等五種果報，叫做五善根。

除了上述以外，有關孝道思想的經典不少，例如《佛昇忉利天為母說法經》、《六方禮經》、《父母恩重難報經》、《提謂波利經》和《盂蘭盆經》等。

中國民間常常把孔子宣揚的仁、義、禮、智、信等五常，混合佛教五戒——不殺生、不盜竊、不邪淫、不飲酒、不妄語，勸人奉行五常或五戒，就算大孝了。站在佛教立場說，救度父母與感恩祖先才是大孝，也強調精神救度與成佛得道，為孝道之根本。有道是：「一人出家，九族升天。」可為明證。

但別忘了孝道是用來「實踐」，而不是用來「研究」或「討論」。放眼二十一世紀，即使時代在變，價值觀也在變，但卻不能改變孝養的根本意義，只可能改變孝順的方式，例如，對死去父母的追悼和感恩，在任何時代都不會變，而在方式上出現以前所沒有的變化，譬如，養老院、老人公寓、敬老村等紛紛出現，加上政府的老人福利政策將要落實；這一來，老人問題成為政府施政問題，現在老人愈來愈多，遲早會受到更多人矚目；儘管這樣，但願不要失去人類最神聖的感恩心和孝養心。

為了未雨綢繆，在功利思想氾濫的今天，希望政府或私立機構定期和公開褒獎孝子孝行，同時要公開譴責不肖子孫的罪行，褒與貶雙管齊下，防止孝心在人心不古，和邪念猖獗的狂潮下崩潰。如果孝心被邪惡腐化，就無異摧毀人性最光輝的堡壘。

例如，近日有篇報載，讓人切齒。現將內容摘要於下，希望大家同聲譴責，以匡正惡劣的風氣。

「八旬老婦露宿街頭　遭子女遺棄」

一位八十一歲的陳老太太，一年多來都在新竹市學府路培英國中、省立新竹女中一帶流浪，累了便就地坐下，也就隨地「方便」，旁若無人。入夜後店家騎樓就是她的窩，破布為被，厚紙板為墊，有時，從垃圾桶撿東西吃。三月間，新竹市府社會科人員接獲報案……為了追查她的身世，挨家挨戶訪查，最後查出她有子孫多人。社會科人員拿著陳老太太的照片讓她的次女指認，對方看了很久竟說「好像見過」、「這個人在那裏？」等等，口氣冷漠。

社會科人員又深入追查，始知陳老太太很可憐，丈夫去世前分完家產，兩老即像皮球般被子孫「踢來踢去」。陳老太太在老伴過世後，甚至被子孫載到頭前溪，新竹縣寶山鄉一帶「丟棄」，許多親友看不慣，曾出面說話，但是沒用，大家只有私下送飯給陳老太太吃，並看老天給她的子孫報應。社工人員和陳老太太的次子及長子（已去世）的兒子溝通，要求他們應該好好奉養老人家，未料叔侄互相怪罪對方，並指責是對方把她丟棄。陳老太太的次子甚至說，他曾將母親接回家住，是母親自己要跑掉，誰有辦法？……

（摘要自《世界日報》）

世風日下，莫過於此，世間的百善以孝為先，莫說孔夫子讚成，連佛教也認同。善惡有報，不孝之業，罪大惡極，即使不受法律制裁，也難逃無相之法——因果報應，這就是出世間的孝道詮釋。

五、多交益友、提防損友

孔子說：有益的朋友分三種，有害的朋友也有三種：前者如正直、信實和博學多聞的朋友都是有益；而後者如拍馬屁、不誠實、愛撒謊的朋友都有害。（季代篇）

【佛法解說】

人生在世，誰無朋友？因因緣緣湊在一起，有好有壞總難免，但重要的是，要儘量遠離壞朋友，親近好朋友。所謂好與壞，當然指善惡而言，而不是指對方的地位或財富，倘若執迷後者，肯定會讓自己吃虧。所以，結交朋友要相當謹慎。

如果你出身富貴家庭，別看前後左右都有一大群人向你說好話，前呼後擁，好像都想跟你做朋友，那可得特別小心；如果你出身窮苦之家，好像很難結交到朋友，周圍的人都遠離你，但也別擔心交不到好朋友，因緣際會，好人壞人你都有機會碰上。

關於交友的秘訣，佛陀曾經開示三項原則：

「若見彼智者——能指示過失，並能譴責者，當與彼為友；猶如知識者，能指示寶藏。與彼智人友，定善而無惡。」

「訓誡與教示，阻他人過惡。善人愛此人，但為惡人憎。」

「莫與惡友交，莫友卑鄙者，應與善友交，應友高尚士。」

（以上均出自《法句經》76、77、78）

孔子說的益友與損失，相當於佛法所謂善知識與惡知識。那麼，善知識的詳情如何呢？

《佛光大辭典》的註釋頗長，茲摘要於下——指正直而有德行，能教導正道的人。又作知識、善友、親友、勝友、善親友。例如《華嚴經》記載善財童子參訪五十三位善知識，受益極多。上自佛菩薩，下至人、天；不論以何種姿態出現，只要能引導眾生捨惡修善，入於佛道者，均可稱為善知識。反之，教唆邪道的人叫做惡知識，又作惡友、惡師。他們擅長說惡法邪見，使人陷於魔道。

《善生經》列出六種惡友是：

⑴說各種欺詐。
⑵喜好隱秘處所。
⑶誘拐他家之人。
⑷謀取他人財產。
⑸只知圖利自己。
⑹好指別人缺點。

另外，警告不要結交好飲酒、愛賭博、貪淫逸、嗜歌舞等朋友，以免被帶上歧途。

學佛的人耳熟能詳舍利弗與目犍連是兩位大善知識、原先，他們都是闍耶外道的弟子，由於兩人都非常聰明好學，故對自己所學總覺得不夠圓滿，而有意另尋解脫之道。兩人相約：「誰若先遇到明師可以指導究竟解脫，即應通知對方，以便相攜去皈依。」

後來，舍利弗在王舍城邂逅佛陀的弟子阿說示，知道對方的師父佛陀是人天導師，便趕緊告知目犍連，雙雙去皈依佛陀；之後他們在修道過程中彼此勉勵，結果都成了佛陀十大弟子之一——舍利弗是「智慧第一」、目犍連是「神通第一」，彼此都是對方的善知識、益友。

另一位佛弟子提婆達多是著名的惡知識、損友；很有野心，又不安分，經常在僧團惹事生非，自從阿難教會他神通之後，便極力誘惑頻婆莎羅王的太子阿闍世，將自己的父王拘囚起來，不久也想幽禁母后。總之，阿闍世被他搞得團團轉，也做了很多壞事，真是罪業深重，若非後來得到善知識——耆婆的接引，去求教佛陀，很可能會不得好死。

依據《十誦律》第四記載，提婆達多跟幾位同修——俱伽梨、騫陀陀驃、迦留陀提舍、三文達多等四人來往密切，在僧團裏狼狽為奸，例如他們不時向新進佛弟子說：

「你們平時崇拜佛陀，其實他年紀大了，入滅期近。倘若你們愛過幽靜的生活、現世的的享樂，不論要求什麼，我都會供給，不妨跟我來。」

此外，他又向長者上座的同修們遊說，把佛的正法硬說成非法，也把律說成非律，不斷宣傳邪法……。

這是標準的惡知識，也是真正的損友。別說修行學佛碰到這種人會倒楣，即使平時遇到也要儘量迴避，少接近為宜。

《法句譬喻經》有一段佛陀對於益友、損友的精闢開示。大意如下：

某日，佛陀率領一群新進的修行人走在路上，忽見路邊有一枚紙屑。佛陀命人撿起，同時問大家：

「這是什麼紙屑？」

弟子們發覺紙屑的芳香撲鼻，就說：「好像包裝香水用的，裏面還留下濃郁的香氣呢！」

佛陀點頭稱是，又繼續走路。須臾，又見路旁有半截繩子，佛陀命弟子撿起，同時問：

「這是做什麼用的？」

弟子用鼻子一聞，發覺腥味極濃，幾乎令人嘔吐，便說：

「好像是捆魚用的，臭氣難聞。」

這時，佛陀才對大家說：「本來，萬物都很清淨，由於某種因緣才獲罪或得福。如能親近益友，就會通情達理。倘若結交損友，禍害就隨著而來⋯⋯。總之，結交惡友，無異接近惡臭，久了，也像漸入歧途而不自覺。親近益友，無異得到香氣，增長智慧，勤習善行，不自覺地成就清淨的修行。」

又有一次，佛陀告訴弟子，朋友的品格有四種：

(1)有友如花：有些人交朋友只知錦上添花，在你得意時前來捧你如貴人，且四處炫耀；一旦你失意，就把你丟在一邊，理也不理。這種勢利小人不要深交。

(2)有友如秤：秤稱到重物會下垂，放上輕物會翹起來。有些人也是這樣，看到你有功名富貴，便向你求功諂媚；等你落魄時，便向你趾高氣昂，態度大變，這種朋友不要也罷。

(3)有友如山：有些朋友像一座寶山，金光閃耀，鳥兒棲息在山上也會全

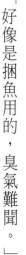

身發光；若跟他在一起，當然會蒙受其利，好處多多。

(4)有友如地：有些朋友肯替我們負責一切，彷彿大地能普載萬物、能生長萬物、能儲藏萬物，讓我們得到安心。

報載許多幫派分子，結夥搶劫，狼狽為奸，都是當初結交損友所致。尤其年輕人的判斷力差，意志薄弱，一旦接觸壞朋友，便容易走上歧途，這是家長們必須牢記的。

良師益友，在道德學問上，相互切磋，大家都能獲利；若只是肝膽相照，情投意合，倒不一定是益友的寫照；一些狐群狗黨，稱兄道弟，也會經常如此，結果反而不妙了。

孔子和佛陀的教誡，都是正確的交友指引，世間法裏絕對用得著，不論古今中外，都照樣可以信受奉行。

總之，交友太重要了，俗話說：「在家靠父母，出外靠朋友。」我們應該結交什麼樣的朋友呢？希望大家小心擇友。

六、各盡職責　嚴守分際

㈠、齊景公問孔子治國的道理。孔子說：當國君的要盡國君的道理，當臣子的要盡臣子的道理，做父親的要盡父親的道理，做子女的要盡子女的道理。（顏淵篇）

㈡、子貢問交友的方法。孔子說：若朋友有過失，要忠心規勸他，且要好好開導他！朋友若不肯接受，便要停止勸導，不要自討沒趣而遭受侮辱。（子路篇）

【佛法解說】

孔子提到父子相對待的重要，可惜，沒有列舉內容，只有籠統地提到「應盡」之道，到底有那些屬於應盡之道呢？這一點不如佛陀說得明白和具體。例如《善生經》和《長阿含經》提到子女應以下列五種方式來待父母：

1.供養父母，不使父母感到有任何欠缺。

2.無論做什麼事，先稟告父母。
3.善體諒父母的作為，恭敬而不忤逆。
4.對於父母親正確的命令和告誡，不敢違背。
5.使良好的家風發揚光大。
還有《六方禮經》提到父母對待兒女的方式如下：
1.愛護兒女，無微不至。
2.供給兒女所需的物品，使他們毫不匱乏。
3.教以知識和技能。
4.教導他們待人接物的道理。
5.和子女建立良好的關係，在相互信任的基礎上，把財物交付給子女。
雖然時代日新月異，價值觀念和生活方式與古代有許多差異，但在親子相待的倫理觀念上應該沒有太大變化。昔日佛陀的教誨至今依然可用，尤其對東方社會非常適合。
其次是交友之道，請讀《善生經》和《優婆塞戒經．受戒品》，可知交友有下列諸法：

1. 敬愛朋友而不輕慢。
2. 能以善言相教誡。
3. 對朋友守信用而不欺誑。
4. 朋友危難時，能加以救助。
5. 朋友沈迷放逸時，能以善巧方便，引他改過向善。

在諸多佛經記載裏，阿難與大迦葉在佛陀入滅後，有一段師兄弟相互尊敬的事跡非常令人讚嘆。表面上也許看不出彼此的友愛，若冷靜三思，便能發覺他們的真實友情感人肺腑。大意如下：

佛陀入滅後，大迦葉率領一千位阿羅漢，到王舍城耆闍崛山，得到阿闍世王的供養，舉行三個月夏安居，其間也進行三藏結集，想要綜合整理佛陀的教法。

起先，大迦葉在教團裏進入禪定，運用天眼通仔細觀察在座一千人中，有誰尚未斷盡煩惱。結果發現阿難煩惱尚未斷盡。其餘九百九十九人全部都清淨無垢。於是，大迦葉於禪定中起立，從團隊裏把阿難拉出來，說道：

「在座諸位全是清淨之士，打算結集經藏，只有你一人尚未斷盡煩惱，不能讓你留在這兒。」

阿難聽了非常羞愧，不禁悲從中來，失聲哭泣，心想：「我服侍世尊二十五年，也不曾遇到這種苦惱；即使我出過差錯，佛也能慈悲體諒我。」

他一想到這裏，忍不住向大迦葉抗辯說：「我本來有充分的能力可以得道，但依照佛法說，一旦證得阿羅漢，便不能服侍世尊。所以，我才留下一些煩惱，不曾全部斷盡啊！」

誰知大迦葉聽了便逐一指出阿難在服侍世尊期間，犯了六種突吉羅罪。所以，他要阿難在教團的眾人面前懺悔。阿難只好合掌下跪，當眾懺悔自己的罪業。之後，大迦葉在教團裏把阿難拉走，並對阿難說：

「等你斷盡一切煩惱後再讓你進來，你現在非走不可。」

他說完，便立刻把門關上。

阿難有豐富的智慧，只因禪定功力較淺，才遲遲不能證悟。今值深夜疲倦，他想躺下休息，他剛要抓起枕頭時，忽然大徹大悟了，猶如電光閃耀，使他在黑暗中找到大路。阿難終於進入寂靜的禪定中，斷盡了所有煩惱，得到三種非凡智慧，六種神通和八解脫，證得大力羅漢果位。

阿難開悟之後進入教團參加經藏結集，扮演關鍵性角色。

那時，大迦葉伸手撫摸阿難的頭說：

「我是刻意為你著想，想要讓你證道才這麼做，希望不要恨我……。」

可見大迦葉對阿難竭盡友愛之能事，即「愛之深，責之切」，阿難才能證得羅漢果位。起初，大迦葉表現出一副老大的霸氣，好像完全沒有師兄弟之情，殊不知他對情、理、法，面面俱到，讓阿難受益一輩子，真是典型的善知識，亦屬良師益友的風範。反之，談私情，講特權，就會破壞真正友誼。

七、言行一致　大師風範

㈠、孔子說：古人不輕易說話，怕自己做不到時很可恥。（里仁篇）

㈡、孔子說：君子說話要慎重，做事要勤快。（里仁篇）

㈢、孔子說：既然知道很難做到，說話時就要慎重考慮，不可輕易出口。（顏淵篇）

㈣、孔子說：說大話不覺得慚愧的人，要他去實踐就很難啊。（憲問篇）

㈤、子貢問孔子有關君子之道。孔子說：在沒說以前先做，等做到後才說。（為政篇）

【佛法解說】

以上表示孔夫子很討厭言行不一致，或光說不做的人。反之，他主張說到做到，不要空口說白話。這跟佛陀的作風一樣，絕對不會只吹噓而不做……。例如《賢愚經》十二卷和《雜寶藏經》五卷記載，佛陀為了讓弟子們明白布施，不要參雜恩愛心，因此拒絕自己姨母親手織成的貴重金色氈，而請她轉送給所有的弟子。《大智度論》第八記載，貧窮布施最難得，所以，佛陀恭敬地接受一位貧窮的老婦人誠心布施的粗劣食物。

《大藏經》卷八有一則例子，可以證明佛陀的慈悲心、平等心不是虛有其表的，而是躬親實踐的。大意這樣——

某日，佛陀走進一群比丘的禪房裏，目睹一名比丘生病苦惱，大小便在床上，自己不能起床或站立，誰也不去理會他。佛陀走過去問說：

「你怎會這樣痛苦呢？難道沒人來照顧嗎？」

「尊者啊！我生性怠惰，以前有人患病，我不去照顧他，因此，現在得到報應，我今病倒在床上叫苦，也沒人來理我。」患病的比丘回答。

「既然這樣，我就來給你看病好了。」

於是，佛陀伸手撫摸病人的身體，說也奇怪，病人的身體被佛陀撫摸一陣，所有苦痛都消去了。之後，佛陀慢慢扶他起來，走出禪房，把他的身體洗乾淨，幫他穿上衣服，再扶他慢慢走回房間，拿出坐墊，讓他坐下。

還有《淨飯王般涅槃經》記載，佛陀為了要讓眾生領悟父母的養育之恩，不時開示大眾要孝順。佛陀的父親逝世時，他親自抬著父王的棺材，之後親手捧著香爐走在出殯隊伍前面，大家有目共睹。

如果言過其實，不能兌現也等於打妄語，造了惡口業。佛陀是清淨修行的導師，當然不會犯妄語戒。佛經有段這樣的記載。

《法華經》卷二：「佛陀是真理的化身，他說話從不虛妄。」

《大智度論》二十二：「佛陀所說一切語言都沒有錯誤和偏差。不論深淺、多少、粗細……都沒有不實在的。」

《妙法蓮華經》「佛陀能洞悉一切現象的究竟真相，從來不說妄語。」

《大智度論》：「佛陀洞悉一切現象，故不會撒謊。」

還有《法句經》在這方面的偈語特別多，例如下面幾句——

「誰然誦讀許多好道理，不實行有什麼益處呢？還不如記牢一句嘉言，便勤於修證，更能得到些實際利益。」

「背誦千言，不明大義，不如只記住一兩個簡易實行的原則，就動手實際去做還容易收效。」

「活了一百歲，吝嗇布施，貪取財物，不如只活一天，常行善道，施財濟世。活了一百歲，怠惰懶散，不如只活一天，鍛鍊心智，利己利人。」

《華嚴經》也說：「只有多聞而不實際去做，無法成就最高智慧，多聞而不努力修行，好比一個人專為別人擺設山珍海味，自己卻在旁邊餓肚子；他一天到晚教別人數財寶，而自己身上卻沒有半毛錢；他好比坐在豪華王宮，而卻受了飢凍的折磨；他像耳聾的人在演奏音樂，怡悅別人，而自己卻聽不到美妙的旋律。」

再讀《大般若經》下段話，可知佛陀的開示跟真理從不相違背。同時證明說與行的密切性：

「弟子們依照佛說的原則，努力修行，便能驗證真理。」

總之，學佛就是學習佛陀的實踐修持，不是止於通達佛學知識或若干概念。若不實行，便無法印證，結果就得不到受用，也不能解除苦惱。

例如，下面一則佛經故事可以佐證。

某日，阿難問佛陀：「佛啊！我是您的弟弟，也是您的侍者，我天天跟在您身邊，幾時才能開智慧，才能跟佛一樣呢？」

佛陀手上捧著缽，沿路托缽得了些飯菜，就和阿難坐在一棵樹下，拿起鐵鉢，開始一面吃飯一面叫阿難看他吃。飯後即對阿難說：「阿難！我現在吃飽了，你吃飯了嗎？」

阿難說：「我只看，沒有吃，怎麼會飽呢？」

佛陀說：「阿難！既然你只看我吃飯，你不會飽，那麼，修行也是一樣，天地間絕無我修行，你證悟的事。我只能教導你怎樣走路，卻不能代替你走路啊！」

最後還是那句老話，學佛不是談玄說妙，而是要實際修行啊！

八、「因材施教」面面觀

㈠、仲由（子路）問：如果聽到一件合情合理的事，就得去做嗎？孔子說：家有父兄，怎麼可以聽到了就去做呢？冉求問：如果聽到一件合情合理的事，就要去做嗎？孔子說：聽到了就要去做！公西華說：剛才仲由問您：聽到一件合情合理的事，就去做嗎？您回答說：家有父兄在。冉求問您：聽到一件合情合理的事，就要去做嗎？您回答說：聽到了就要去做。我覺得很迷惑，恕我斗膽問您其中的道理好嗎？孔子說：冉求畏縮不前，我才鼓勵他進取，而仲由好勇過人，我才壓制他別衝動，需要退讓些。（先進篇）

㈡、孔子說：生下來就通達道理是上等資質的人；經過學習才了解道理是次等資質的人；遇到困難才苦學求知是再次一等的人，遇到困難依然昏頭不學是最下等的人。（季氏篇）

㈢、孔子說：只有天才和白癡般的人，氣質是不可能改變的。（陽貨論）

【佛法解說】

以上是孔夫子因材施教的證據，這是古今中外所有教育工作者非常重要的教學手段，若不會活用它，就不配當教育家了。

依據《涅槃經．名字功德品》說，佛陀對想要獨善其身的的弟子，便談解脫生、老、病、死的方法。對於自修自悟的弟子，便談如何用自己的心智來觀察事物的因果法則。對於喜歡幫助別人的弟子，便談慈悲眾生的原理，讓徒眾都圓滿成就自己的願行。

再讀《華嚴一乘教義分齊章》卷一記載，佛陀對貪慾特別重的弟子，就教示他們「不淨觀」！對憎恨心較重的徒眾，就教以「慈悲觀」；對生性愚癡的徒眾，就教導他們「因緣觀」；對心意散亂的弟子，就教示他們「數息觀」；對業障重的眾生，便教他們「念佛觀」；對有意獨善其身、喜歡自求解脫的弟子，便教示他們煩惱解脫的秘訣；對不滿足小乘的弟子，便接引他們深入大乘妙理，激發他們的菩薩心腸。

佛陀有時講授人乘、天乘、聲聞乘、菩薩乘、佛乘的道理，有時只講無上圓融的妙理，也是因材施教的緣故。

《法華文句》也提到佛陀用「四悉檀」，讓眾生都能受益。「四悉檀」（siddhanta）的內涵如下：

⑴**世界悉檀**——由於眾生根器淺薄，佛陀隨順他們所樂，次第分別講出適當的話，使他們生出歡喜心。才不會一開始便拒絕。

(2)為人悉檀——佛陀說法會先觀察眾生稟賦的優劣和善根深淺，之後隨機說法，使對方有信心，再滋長善根。

(3)對治悉檀——佛陀提示八萬四千法門，旨在對治不同眾生的不同煩惱。

(4)第一義悉檀——如果眾生的善根成熟，佛陀才開始說究竟真理，讓他們悟入聖道。

《勝鬘經》記載佛陀的教育方式是積極自動，而不是被動。有時不等到對方央求，便自動講解，有時待對方央求後，再加以教育。不過，有時也會採取特殊方式教誨特殊對象。

例如《大智度論》卷十二記載，佛陀偶爾用「默擯」和「摒棄」方法度化惡性難羈的弟子——車匿。有時佛陀會用出世間法，例如《末羅王經》記載，該國有一塊巨石橫在道路中間，眾人都移不動，佛陀便毅然運用神力將大石移開，之後再講「四力」的道理來教化他們。

天臺宗的智者大師將佛陀的聖教分成五個時段，這是從宏觀角度來分析佛陀的教材，可知佛陀對眾生的教化胸有成竹，分段實施。這便是有名的

「五時」觀點。大意如下：

⑴華嚴時：佛陀成道不久，為根器成熟的大乘菩薩說《華嚴經》，暢談無限時空的現象和本體圓融的妙理，且指出最高智慧成就的歷程與方法。

⑵阿含時：為了接引小乘根器的眾生而講四《阿含經》，說明煩惱解脫法，和因果生滅法，以斷除他們的「見惑與思惑」（前者指對法塵的分別心，後者指對五塵的愛憎心）。

⑶方等時：為適應根器更高的眾生而說《維摩經》和《楞伽經》等大乘經典，讚揚菩薩道，使他們發慈悲心。

⑷般若時：針對眾生的執著心與分別心難除，為了使他們行善而不執著一切名相，便說各種啟發心智的方法。

⑸法華涅槃時：引導眾生由權巧方便法悟入真實的圓頓妙法，使上中下三種不同稟賦的眾生都受到教法。這是針對許多眾生受到前三時的教化後，心智逐漸敏銳，但他們仍然停在權法與斷法中。

還有少部分眾生尚未完全得度，佛陀又說《涅槃經》來徹底教化，旨在使他明白究竟教法與佛果關係。以上是佛陀因材施教的最好證據。顯然，佛陀宏法四十幾年所以能教化如此多的眾生徒弟，不外因材施教發揮高度功效使然，直到二十一世紀的今天，仍有數以億計的佛教徒可從當年因材施教留下的法門中領悟法喜，都是佛陀的智慧和慈悲心的證據。

撇開其他因素不說，純粹以事論事的話，孔夫子的教材內容和教法，實在不能跟佛陀等量齊觀，光是因材施教的分類內容，就多得難以計數，遠比孔子的言教多出太多了。

九、「仁道」與「慈悲」

㈠、孔子說：有仁心的人會公正地喜愛應該喜愛的人，也能公正地厭憎應該要厭憎的人。（里仁篇）

㈡、孔子說：……君子倘若脫離仁道，怎能叫做君子呢？君子不會片刻離開仁道，再倉促也一定會跟仁義同在，甚至自身情況狼狽之際也

不離仁義。（里仁篇）

㈢、孔子說：世人的過錯，有小人與君子不同的類別；若能觀察他的過錯屬於那一類，便能判知他有沒有仁心。（里仁篇）

【佛法解說】

乍讀下，孔子的仁義道德，頗似佛教的慈悲行。其實，兩者不論內涵或範圍都差別很大。簡單地說，仁義道德或仁心仁術，乃是人間最高尚，也最值得稱讚的德行，但不如佛教的慈悲來得周延與徹底。不明佛理的人，總會用慈悲來稱呼德行高超的情狀；若仔細一看，德行好未必有慈悲，可知仁道不等於慈悲。那麼，佛教的慈悲是怎樣呢？茲簡述《佛光大辭典》的解釋：

凡慈愛眾生並給予快樂（**與樂**），叫做慈；凡同感其苦，憐憫眾生，並拔除其苦（**拔苦**），叫做悲；兩者合稱慈悲。佛陀之悲乃是以眾生之苦為己苦的一種同心同感狀態，故叫同體大悲。又其悲心廣大無盡，故稱無蓋大悲（**無有更廣、更大、更上於此悲者**）。

北本《大般涅槃經》卷十五記載「慈悲」有三種：

九、「仁道」與「慈悲」

㈠**生緣慈悲**——又作有情緣慈，或眾生緣慈。就是觀一切眾生猶如赤子，而與樂拔苦，這是凡夫的慈悲。不過，聲聞、緣覺、菩薩等三乘的最初慈悲也屬於這種，故叫小悲。

㈡**法緣慈悲**——指開悟諸法乃是無我所生起的慈悲。像阿羅漢之二乘、及初地以上菩薩之慈悲，又叫中悲。

㈢**無緣慈悲**——是遠離差別的見解，無分別心而起的平等絕對之慈悲，而這是佛所獨有的大悲，不是凡夫、二乘所能生起，故叫大慈大悲。

以上三種慈悲，並稱為三緣慈悲，或三種緣慈。

慈悲心有大小範圍，和程度深淺的不同，最殊勝的是大慈大悲，也就是不論怨仇敵人，或親朋友好，都一視同仁，絕對沒有分別心，而不像孔子所謂「公正地喜愛應該喜愛的人，也能公正地厭憎應該厭憎的人。」顯然，孔子的仁人君子對怨仇、親友的態度不一樣，有差別待遇。

《雜寶藏經》有一則經文，可知「以德報怨」不在仁義道德的範圍，而是慈悲的內涵，因為孔子的仁義還沒有到達「怨親平等」（**以平等心對待一**

切眾生）的境界。經文內容如下：

波羅捺國有一位慈悲的大龍王，名叫瞻蔔。牠常常選擇適當時間下雨，竭力護持五穀豐收，使百姓豐衣足食，生活幸福。同時，牠還不時現出人形，修持五戒，又喜愛布施和宏法，成了世人的典範。總之，牠努力喚起民眾的菩提心，累積了許多善業，行之多年，且樂此不疲。

當時，南印度有一名婆羅門，一直想捉住這條大龍王來替本國人服務。一天，他找到機會唱呪文，施展呪力將龍王捉住。天神看見此事，覺得茲事體大，馬上報告波羅捺國王詳細情況，並警告他得研究適當的對策。

本來，國王對龍王平時作為，始終心存感激，而今聽到天神的警告，也覺得事態嚴重，關係國家的存亡，所以，他立刻下令大軍，直向龍王後面追去，婆羅門知道後面有大軍追來，就念唱呪文，準備迫使該國的軍隊寸步難行，動彈不得，國王不得不拿出大批寶物，向婆羅門贖回龍王。不料，後來婆羅門仍然沒有放棄再捕捉龍王的企圖。

不久，婆羅門又來到波羅捺國。他想再用呪文的力量捕捉龍王，龍王的族屬聽到了消息，馬上翻雲覆雨，閃電交加，計畫一舉消滅婆羅門。然而，龍王生性慈悲，安撫大家，才讓婆羅門平安回去。雖然，婆羅門的陰謀兩次功敗垂成，但他仍然不改初衷，想要捕捉龍王，所以又潛入波羅捺國內，施展咒力，捉到了龍王。

龍王的族屬對婆羅門三番兩次的惡行，非常氣憤，也一而再，再而三準備殺他。幸賴天性慈悲的龍王，屢次庇護他，才讓他的性命無恙。

故事裡的龍王是現在的釋尊，那個婆羅門是提婆達多。

本來，慈悲譯自巴利文，慈指純粹的理想，或真實友情；悲指哀憐或同情之意。而今這個詞語成了普通名稱，意謂憐憫或慈愛之心。總之，慈悲是愛的極端純化，也是絕對的愛，彷彿母親捨身愛子的心情，來疼愛天下蒼生。

釋尊曾經說：

「恰如母親疼愛獨子，好像捨身護衛獨子似地對待一切生命，而發出無量仁慈之心。同時，也對全世界懷有無量仁慈之意。對上下左右毫無障礙，毫無怨恨，毫無敵意，不論站著、坐著、走動，只要不是睡眠狀態，就得實實在在懷有仁愛之心。在這個世間，這種狀態叫做崇高境界。

不過，父母對自己的兒女儘管有無限愛情，對別人的孩子就做不到。例如看到別人的子女被人責打會無動於衷，一旦發現自己的孩子被人欺侮，就恨得咬牙切齒，想要報復；但是，無盡的仁慈必須遠離這種執著之愛。」

至於慈悲行的理由，釋尊也有一番解說：

「只要認為『他們跟我一樣，我也跟他們一樣，將心比心，就會不忍殺生，也不會讓人殺生。自己最愛自己，同樣地，別人也都最愛自己。所以，凡是愛自己的人，就不能去害人，如要拯救別人，就一定要宏法。』所以，宏法是最徹底、也最要緊的慈悲行為。」

再說不傷害的慈悲行，有下列實踐項目：

(1)以慈愛待人。
(2)不要殺生，也不讓人殺生。
(3)精神上不要傷害別人。
(4)進一步以仁慈對待敵人。

(5)即使遭到痛苦也不要生氣，仍要以仁慈對他。

當初佛陀出家的動機，不外想解決生、老、病、死等苦惱，待他領悟解脫的秘訣後，本來沒有義務告訴別人，但是，他不忍心見到天下眾生在苦惱下呻吟，才本著大慈大悲、救苦救難的心，到處宏法，直到圓寂為止，而這就是慈悲的風範，遠比博愛、仁愛或世間的德行更殊勝。

星雲大師說：「慈悲是淨化的愛、昇華的愛，是無私而充滿智慧的服務救助，是不求回報的布施奉獻，是成就對方的一種願心，集合了愛心、智慧、願力與布施。」

還有菩薩修行的四大誓願之一「眾生無邊誓願度」，即是慈悲的對象與範圍，不僅限於人類，而是六道眾生。

一〇、誰能奪走我的心

孔子說：三軍雖然多，人心不一，可以俘擄他們的主帥；一個普通

人雖然微弱，只要堅守心志，誰也打不倒他。（子罕篇）

【佛法解說】

孔夫子讚嘆一個人只要心意堅定，任誰也奈何不了他。佛陀非常強調心定的重要。所謂「心不要被外境所轉」或「八風吹不動」都是形容心念一定要堅定。學佛修行，其實就是「修心」。那麼，心為什麼要修持呢？原因是人的心極不穩定，剎那千變，忽東忽西，佛陀對這方面的教示太多了。例如《法句經》有幾則教誡是——

「動搖的，輕躁的心；難防護，難抑制。智者行正直，如矢師矯正箭直。」（卅三）

善制御輕躁的，難捉摸的、隨從欲愛活動的心；已經制御的心，能引至安樂。」（卅五）

「心不安定，不知正確的真理；信仰動搖，不能完成智慧。」（卅八）

「心離貪著，思慮不受擾亂，超越善福、罪惡，覺者沒有恐怖。」（卅九）

還有《雜寶藏經》第八有一則經文也簡述如於下：

在迦尸國與比提醯國之間，隔著一大片荒野，那兒住著一個惡魔叫做沙吒盧。人人都怕他，誰也不敢經過那裏。

有一次，一位商隊領袖名叫師子，率領五百名商人，打算通過這個無人敢穿越的荒郊野地。商人們事先聽了有關惡魔的消息，都心生惶恐，竭力阻止師子隊長。誰知他充耳不聞，反而理直氣壯地說：

「害怕的不必跟我來，否則，只要跟著我走就行了。」

大家懷著忐忑不安的心，跟隨隊長，冒險去突破這片荒野。隊長走在前頭，逐漸到達荒野中央，果真見那個惡魔——沙吒盧在前方現身。

師子大聲喝道：

「難道你沒聽過我的大名嗎？」

「當然聽過，為了跟你決鬥，我早就在這兒等你。」

師子乍聞惡魔的答話，怒不可遏，一面吼叫：「難道我會輸你不成？」一面放箭射牠，五百名商人也紛紛放箭射向惡魔。無奈，這些利箭都不聲不響地全都進入惡魔的肚子裏。放箭不管用，商人們便改用刀、杖和其他武器，走上前去向惡魔猛砸。結果也跟放箭一樣，所有武器全部深入鬼腹，而對方卻毫無痛苦的樣子。

最後，隊長握緊拳頭向惡魔突擊。不料，他的拳頭也不聲不響地陷入鬼腹。之後，他的手腳全被吸入鬼腹。這時，他便用頭顱猛撞，不料，連頭顱也陷入鬼體裏了。

「怎麼辦？你的手腳、頭、刀和所有武器，全部被我吞進肚裏，你不如乖乖投降吧！」

「沒錯，我的手腳、頭顱、刀杖等全被你吸去，可是，我的心你吸不走。我仍然不灰心，不動搖，不懈怠，要跟你繼續戰鬥，我一點也不怕你。」

惡魔聽了不禁非常敬畏他的堅定心，便釋放了他們一夥人。

所謂「哀莫大於心死」，只要心意堅強，就能生存。人能不能治，全靠自己的心意來決定。同理，人的喜怒哀樂，七情六慾也都受制於心。

佛家常說：「三界唯心，萬法唯識。」世間萬象本來可以隨心所變現，無奈，許多時候我們的心不能自主，包括惶恐、慌張、狂喜、哀愁等，反而隨著外境變動而團團轉，想要控制它卻不能。例如有人用錢財、美色、權位、名望來收買你，試想有幾個人的心不會動搖呢？所以，一般人的心都被名聞利養、情愛美色牽著鼻子走。

《大藏經》卷十二有一段很生動的描述，大意說：

如果一位美女當前，好色的男人看到，會覺得她清淨美妙，內心便起執著。若是一個修持不淨觀的人看到，無疑會察覺到她的各種缺點，全身無一乾淨。若讓同樣漂亮的女人看到，就會起嫉妒、瞋恚、憎惡，怎麼也不想看，以為她根本不是東西。

因此，淫亂之徒看到這樣的美女會很快樂；嫉妒的人看了會苦惱，修行人看了會透過不淨觀而得悟；心無旁騖的人看了則視而不見，彷彿目睹一根木頭，或一塊泥土。再說，美女是否很清淨，與別人對她的看法完全無關，美醜好壞，實際上不是存在外界的東西，而是內心的世界。

《楞嚴經》一段佛陀和阿難尊者談論「心在何處」的記載，非常生動詳實，讀完後發現人的「心」妙不可言，若非佛陀這樣淺顯開示，肯定世人不知心的究竟真貌。

有一天，佛陀問阿難：「阿難，我們的心在那兒呢？」阿難說：「在我們肚子裏啊！」佛陀：「怎麼啦？心既然在肚子裏，不是先看到自己的胃腸嗎？為何現在看不到胃腸，反而能看到外界的人物景色？」阿難一聽馬上改口說：「我記錯了，心不在肚子裏，它在外面呀！」佛陀緊接著問：「心若在外面，那麼，人在睡覺或死時，為何不能動呢？」阿難只好說：「既不在內，也不在外，那它一定位在內外的根塵之間吧？」

佛教的「根」係指眼、身、鼻、舌、身、意等六根；「塵」是指外面境界，如色、聲、香、味、觸、法等六種。根（**如眼**）必須跟外界的色相接觸，才能起識別作用，這叫眼識，而其餘為耳職、鼻職、舌識……等分別。

佛陀待阿難一說完，便馬上問：「心若在根塵之間，那為何我們只見外塵，而見不到內根呢？」阿難說：「依我看，心可能位於裏面，又在外面才對。」佛陀又問：「若心在裏面，為何能看到自己的身體，而看不見自己的心呢？若說心在外面，又何以看不到自己的面孔、眼睛和鼻子呢？」

這一來，阿難目瞪口呆，但忽然想起佛陀昔日的話，便說：「記得世尊以前跟目連、須菩提、富樓那、舍利弗說法時，常說這個能分別覺知的心，既不在內，也不在外，更不在中間，乃是一切都無所在，一切都無所著；所以，我現在可以叫它『無著』吧？」

不料，佛陀馬上嚴重地說：「若你說心是『無』，那麼，它就彷彿兔角一段，空有其名，而無實體的空名而已。這又何必說它著不著呢？若你說心是『有』，那它便是『有相』，而你怎麼剛才說它『無著』呢？」

總之，佛陀開示：眾生之所以從無始以來生死相續，皆因不能了知常住真心，只會妄想而已。所以，心是人生最重要的東西。

對於人心的了解，孔夫子遠比佛陀遜色多了，其實，也不止孔夫子不如佛陀了解得深入與透徹，恐怕古今中外沒有任何一位賢哲或專家能出其右。所以，佛教的修行真髓全在這顆「心」上。

關於心的探究，在佛陀滅後七百多年，印度有兩位著名的唯識學者——

無著與世親，曾經追究心底最深處的世界，他們不但從人的行為表現來觀察，且進入深層的禪定境界，忠實地記述自己的心的真貌。

佛陀勸告徒眾說，如果拋棄我執，必須保持內心的平靜，抑制恣情放慾的心，護住動搖的心，不論觸及快樂或痛苦的事，都儘量不必動心。

在統一心神方面，釋尊主張兩種方法：一種是鎮定心神的「止」，另一種是觀察真理的「觀」。即「止觀」法也。

關於心神統一或心如止水的狀態，釋尊比喻為海洋。「海洋內部波浪不興，好像靜止狀態。修行人對任何事物都不要起旺盛的慾念。」

進入任何禪定境界，都會高邁清靜，無想無念，既無不安，亦無苦惱；但若脫離了禪境，就會心神動搖，回到沒有重點的狀態，故佛陀不把禪定當做終極目標。

那就是說，禪定能夠統一心神，也有助於智慧——心的內涵的獲得。換句話說，它有助於智慧的開發。

最後，請奉行佛陀的一句教示：

「如果覺得心煩意亂，就要看作『惡魔』作祟，設法除掉它。」

一一、誠信為做人之本

㈠、孔子說：做人如果不講信用，不知他怎能處世待人？這好比大車沒有輗，小車沒有軏，這樣怎麼行動呢？（為政篇）

㈡、孔子說：……跟朋友交往可以不信實嗎？（學而篇）

㈢、孔子說：……處理政事要謹慎，並取信於老百姓。（學而篇）

㈣、孔子說：說話忠誠信實，行事篤厚莊重，雖在野蠻國家也行得通，否則……在自己鄉里也行不通。（衛靈公篇）

【佛法解說】

學佛的人都知道釋尊剛出家不久，有一天，來到摩訶陀國的王舍城。該國的頻婆娑羅王看見他托缽行走，與眾不同，就命侍從跟在後面。不久後，侍從回來報告，那個年輕走進帕達瓦山的一個洞窟裏。國王徒步登山，走近洞窟目睹他坐在裏面，就進去招呼說，如果你肯還俗來我這裏當官，我會給你重要職位，多加重用，而你照樣可以修行，不料，對方婉言拒絕，表示自己不想要世俗的功名。頻婆娑羅王被拒絕之後，只好無奈地說：

「倘若你如願完成目標，有一天開悟時，你要先來救度我。」

釋尊當時答應了，果然，釋尊開悟成佛後，回去救度頻婆娑羅王，不曾失約。國王也向教團損贈竹林精舍。

世間法重視一諾千金，所謂「信義為立業之本」，表示「誠信」為做人處世的基礎。說真的，說話不算話是野蠻的象徵，即違反文明的標幟，不是現代人的做法。若從出世間法來說，失信即打妄語，造了惡口業，最後也有惡報。

《六度集經》有一則故事，表示一言既出，駟馬難追，縱使心生懊悔，也要堅持到底。故事大意如下：

乾夷凱國有一位國王叫偏悅，他的政治清明，平時親近百姓，只要貧民有事求他，他有求必應，給予充分的糧食，堅牢裏沒有一個犯人，百姓都敬愛他。

有一次，外地來了一個道士知道國王的脾氣，對所有人都肯布施，不禁起了壞心眼，嫉妒國王的崇高品德，便刻意到王宮，央求國王說：

「大王的恩澤四海，讓天下人讚嘆，聽說大王有求必應，來者不拒，那麼，我需要一顆人頭，就請大王給我人頭好嗎？」

國王吃驚地拒絕他說：

「我不懂你要人頭做什麼？那實在不容易，讓我給你其他的寶物好嗎？」

道士不領情，堅持要索取國王的人頭，雖然國王下令工匠特地製造一顆七寶的頭給他。豈知對方拒絕接受，仍要國王的頭顱。

因為外人知道國王一諾千金，有求必應，且來者不拒，只好走回宮去，親自把頭髮繫在大樹上，對道士說：

「好吧，我答應你人頭，你拿去好了。」

道士拔出鋼刀，正要向前砍下時，樹神看了於心不忍，迅速伸出巨手打一下道士的臉頰。道士的臉一斜，雙手顫抖，刀也落地，才使國王無傷。

此事傳揚出去，百姓無不慶喜……

通常，大家只知對別人講信用，否則會失去面子，傷害很大，卻忽視了對自己也要講信用，只要立下的志願，或發過的誓言，都要貫徹到底。別以為外人不知曉，就可以改變主意，其實這樣也是莫大的失信，結果也會傷害自己的修養。證嚴法師在《慈濟心燈》裏提到一個故事，正是對自己講信用的例證，大意是這樣：

二次世界大戰前，日本有一個十四歲的男孩，名叫金次郎。

有一天，他走在街上，遇到一位沿門托缽的法師在誦經，他聽了非常歡喜，便恭敬地向師父合掌問：

「師父，您在誦什麼經呢？」

出家人告訴他是《觀音經》。金次郎忍不住很恭敬地請師父再誦一遍。當他聽完後，就站在出家人面前立下誓願說：

「我要從今天起，在有生之年，效法觀音行，不論遇到什麼挫折，都要以觀音的慈悲為自己的處世原則……。」

出家人聽了很驚異，也很敬服；同時祝福他……。

金次郎告別了出家人，便走到附近的壇那寺，因為寺廟後面有他祖先墳墓，只見他走到墓前跪拜，口裏念念有詞，但沒人知道他念什麼。

壇那寺住持看到這個孩子的一切，接著，又看到他走進廟裏，在觀音菩薩前禮拜、默禱一段時刻。之後，他就央求住持和尚說：

「師父，我今天發了一個願，請師父替我作見證。」

於是，他把經過情形說出來，並求和尚注意他往後的日子是否依誓願行事。和尚聽了很感動，讚嘆他說：

「我修行這麼久，從來沒發現十四歲的孩子，只聽了兩遍《觀音經》，就得到領悟，更難得的是請三寶作證，自動發心效法觀音菩薩的精神，正是依『法』行事，又在菩薩面前發願，就是請『佛』作證，而今又請我這『僧』作監視，真是難能可貴。」

和尚非常喜歡他，想收他做徒弟，要傳授他道法，並且暗示以後繼任住持……但被金次郎拒絕了，因為他尚有家庭的一大堆雜務需要照料。

後來，意外的大火燒毀他的家，水災流失了他家的產業，一連串艱難打擊他，但他仍能以菩薩堅忍精神，無怨地承受了。經過一番奮鬥，他又重建了家園，因為他的毅力和仁義感動了全村，大家協助他開墾經營，幾年後，他的事業如日中天……，二次大戰後，日本戰敗，民心沮喪，於是，日本政府特地用金次郎重整家園的故事，來鼓舞人民仿效他，只要肯發誓重整家園，堅持不變，必能成功……。

再說一則對自己失信的故事，希望對讀者有所啟發。三番兩次讓自己失信，就是三心兩意，一事無成的後果。

這則故事說：佛陀在世時，有一個富商的家庭突遭變故，傾家蕩產，害他灰心之餘，跑去稟告佛陀，表明自己看破人間，想要出家。佛陀答應了，他便在僧團開始修行。

經過一段日子，他每天聽佛說法，出門托缽，回來又打坐、思維，覺得生活千篇一律，十分乏味。有一天，又央求佛陀讓他還俗，佛陀也允許了，讓他稱心如願，這也是失信於自己的範例，實在要不得，不值得效倣。

一二、治國之道在愛民

㈠、孔子說：治理一個千乘大國，要用謹慎態度處理政事，才能讓百姓信任；要節省國家開支，照顧百姓；使用百姓要趁農閒時候。（學而篇）

㈡、孔子說：國君要以道德來治理政務，就像北極星一樣位在中樞，周邊有眾星環繞。（為政篇）

㈢、孔子說：若用政治命令對付百姓，或以刑罰來整頓他們，結果只會讓百姓免於刑罰，卻沒有廉恥心；反之，若改用道德感化，以禮教來誘使，這樣才能使百姓有羞恥心，並順利領導他們到達理想境地。（為政篇）

㈣、孔子說：在上位的人若能莊重地對待百姓，自然會讓百姓誠

敬；若自己能孝順父母，慈愛百姓，百姓自然會敬忠；若能任用好人教導不能之輩，百姓也會相互勸勉。（為政篇）

㈤、子張請教孔子說：怎麼治理國家大政呢？孔子說：只要尊奉五項美德，除去四種惡政，就能治理國家政事。

子張又問：五項美德是什麼？孔子說：在上位的君王能施恩給百姓，而自己不必破費；勞役百姓，而百姓也不埋怨；心有慾望也能適可而止，不會貪求；胸襟安泰，一點也不驕傲；有威嚴但不兇猛。……

子張又問：什麼是四種惡政呢？孔子說：平時不教誨百姓，一旦他們犯了罪，便加以殺戮，這叫做虐。不先告誡百姓，到時候又要看成果，這叫做暴。發佈教令遲緩，到期又不寬假，這叫做賊；既已決定散發財物給百姓，就不該在發放時吝嗇，這無異是看管錢庫的小官員那般度量，真要不得。（堯曰篇）

【佛法解說】

佛經也提到政治見解，和為王的道理。例如《佛為優填王說經》是佛陀為優填王開示帝王的過失與功德。內容包括：㈠帝王的十種過失，㈡帝王的十種功德，㈢帝王之衰損有五種劣行，㈣令人敬愛之帝王有五種，㈤成為令人敬愛之帝王有五法。如果帝王肯朝夕誦讀本經，切實修行，便可得諸佛、菩薩、天龍八部之加持護念，使國土安寧，壽命長遠。本經含有重要教示，可說是佛教之「帝王學」。

《佛為勝光天子說經》是佛陀開示勝光天子為王之道，因為憍薩羅國王勝光天子央求佛陀說法，佛陀開示國君要遠離惡法，勤修善法，並尊敬三寶……。《金光明最勝王經》第十九，也有一段佛陀開示為王之道的大要，茲摘要於下：

「如果作惡多端，將得不到諸天的保護，必有惡報。如能禁止國民作惡，自己遵守正法，就有善報。如自己作惡，也不禁止暴行，這樣會助長邪惡，全國上下都是欺詐之徒。……如不依正法治國，就像巨象踐踏在蓮池上，殘亂不堪……結交惡徒，棄善虛偽，全是惡鬼行業……不論面對親人或怨敵，都要一視同仁，給予愛心，才配稱正法之王……總之，治國要訣全在護持正法。」

印度當時有幾位著名國王如頻婆娑羅王、波斯匿王、阿闍世王等，也不時向佛陀請教治國秘訣，佛陀也不讓對方失望，給予適當指引。譬如《中阿含雨勢經》記載：

某年，阿闍世王出兵要攻打越耆國，特地派雨勢大臣向佛陀請教戰略。不料，佛陀不正面答覆，反而巧妙地先講越耆國治國強盛的情形：⑴經常開會，⑵上下和諧、⑶尊重法治、⑷以禮教化、⑸孝親教師、⑹護持宗教、⑺廣結鄰邦。

之後，佛陀又說國王要有相當條件，才能得到百姓擁戴，這些條件有：⑴眾人敬愛、⑵自在增上、⑶能摧怨敵、⑷善攝養身、⑸能修善事、⑹思養蒼生、⑺英勇具足、⑻善權方便、⑼正受境界、⑽勤修善法。

雨勢大臣聽了馬上領悟玄機，虔誠頂禮佛陀說：

「弟子明白了越耆國施行仁政，是攻不下來的，我回去向國王解說好了。」

佛陀的智慧輕易地化解一場戰爭。

在中國，長期讓人誤會出家人不管世間任何事，只知待在廟裏吃齋念佛，或替死人念經；結果，大眾以為學佛是消極出世，逃避國民應盡的責任，或妨礙國家進步，甚至被看作社會的寄生蟲，影響所及，非常嚴重。例如六十年代末，大陸的一場文化大革命，在紅衛兵「破四舊」的口號下，肆無忌憚把所有寺廟與佛教文物摧毀殆盡。若以事論事，這是因果使然。

大約四年前的某日，筆者在洛城某寺廟，邂逅一位自稱是中共國務院宗教局的官員，他趁公務之便，偷偷出來尋幽訪勝；我們閒談之餘，聽他說過一段讓人非常動容的話：

「在文革期間，紅衛兵真是瘋了。這種變局，中共中央是有幾個人能挽救的，周恩來便是其中的一位。當時若有出家人或有影響力的佛教徒，透過管道央求周恩來出面說幾句話，要紅衛兵手下留情，多少還能留下些佛教文物，不會破壞得那麼徹底。可是，出家人以前不理會政治，也不跟政治人物來往，才沒有管道溝通，下場才這樣淒慘……。」

果真如此，倒是天大的冤枉，和天大的誤會了。

說真的，政治與佛教有一項共同點是：兩者都是眾人的事，彼此的關連太密切了，例如星雲大師說得好：「國家需要廣大的佛教徒投入行列，以佛教的高超教理來淨化人心，改善風氣，為社會提供心理建設、精神武裝，給予社會大眾苦難時的安慰，失望時的鼓舞……。」由此可見佛教與佛教徒對國家政治的貢獻，而這也是今天政治需要佛教與佛教徒的理由。

再說今天雖有民主政治，卻沒有祥和的社會和民心，可見民主制度尚未完全落實生效：例如貪官污吏、暴戾殺伐、綁票敲詐，都是政治不清明的副產品；若能發揮佛教「無我」、「無常」、「因果」、「忍辱」、「惜緣」、「慈悲」等觀念，才是對治和輔導政治的秘訣。

那年，星雲大師在臺北國父紀念館演講「佛教的政治觀」，其中不乏精闢的見解，例如大師談到佛教與政治有些主從與異同之妙，非常生動有趣，以下十二點摘要更是灼見：

1.政治是管理眾人，維護社會的團體；佛教是教化眾生，淨化社會的力量。

2.政治希望人人能夠安和樂利的生活；佛教要求人人能夠慈悲喜捨的做

人。

3.政治是怒目金剛，要人人守法；佛教是菩薩低眉，要人人自律。

4.政治是護法降魔，保衛國家；佛教是護生救苦，擁護國家。

5.政治重視才幹機變，以力服人；佛教重視戒律因果，以德服人。

6.政治是權法，因時、因地、因人而制宜；佛教是實法，因教、因法、因理而肯定。

7.政治是曲線的，曲而求遠，人人平等；佛教是直線的，直指人心，見性成佛。

8.政治重視實教通行，即日成辦。佛教重視遠益利清，普度未來。

9.政治之大同世界，是理想目標；佛教之淨土極樂，是如願往生。

10.政治以財力、軍力治理國家；佛教以德力、法力輔助國家。

11.政治從外做起，要求人民修身守法；佛教從內做起，要求人民修心守道。

12.政治要求人人奉行四維八德，以家齊國治；佛教要求人人奉行五戒六度，以自度度人。

一三、巧言令色要注意

孔子說：說巴結人的話，故意裝出讓人喜歡的臉色，這種人很少會有仁慈心或行仁義事。（陽貨學而篇亦有此語）

【佛法解說】

這相當於佛家所謂妄語，屬於十惡之一，也在五戒之內，意指欺人的虛妄語。依據《經典》記載，如犯妄語戒而無慚愧心者，自斷於至涅槃及生天之道，並有以下十種罪狀：

1.呼氣有臭味。
2.善神會遠避，忘恩負義之徒來接近。
3.縱使說出真話，也不能取信於人。
4.不能加入智慧人士的討論會。

5.經常遭人毀謗，人人都批評他的話差勁，臭名遠播。

6.不能得到別人的尊敬，即使說出良言玉語，別人也聽不進去。

7.經常悶悶不樂。

8.種下被人毀謗的業因。

9.命終以後，必定會下地獄。

10.即使投胎轉世做人，也會遭到不停的毀謗。

學佛修行要能證悟菩提，必須走八條正確的路，而其中之一是「正語」，意謂不妄語、不兩舌、不惡口和不綺語。說得通俗些，就是不撒謊、不挑撥是非、不花言巧語、不惡言惡語、妄語像口中藏一把利斧，不但會傷害自己，受到報應，也會傷害別人；所謂「禍從口出」，當如是也。

學佛的人耳熟能詳身、口、意都會造業，通常口業最容易被人忽視，例如拍馬屁的話人人愛聽，原因是，大家總愛戴高帽子。所以，說話要小心。

依據《十善業道經》記載：「離妄語者可得八種天所讚法；離兩舌者可得五種不可壞法，離惡口者可成就八種淨業，離綺語者可成就三種決定。」

可見實話實說，不說巴結別人的話有許多益處果報。

讓人看見歡喜的臉色也是無財布施，但若不夠誠實，或虛情假意，那就不對了。這是標準偽君子，不可能行善修持。總之，說話、待人以「誠實」為本，與其拍人馬屁，不如沈默，少犯惡口業。在日常生活裏，不但自己要謹慎，也要暗防別人向自己載高帽子，或耳軟愛聽馬屁話。

佛經有兩則記述值得警惕，大意如下：

㈠俱伽離是提婆達多的弟子，經常打聽舍利弗和目犍連的過失。有一次，他看見舍利弗與目犍連從一個女人家裏出來，心想他們一定跟那女人亂來，嫉妒之餘，便到處宣揚這件事。

之後，他還去稟告佛陀，說舍利弗和目犍連沒幹好事，佛陀斥他胡說，但俱伽離仍不悔悟，不久，全身忽然生瘡死去，墮入大蓮華地獄。

於是，佛陀召集一群比丘說明此事的經過，並作偈說：

「人生下來，嘴裏含一把斧頭，由於惡言惡語，會斬人的身體。」

該罵不罵，反而稱讚；該稱讚不稱讚，反而斥呵。

嘴巴作惡，會看不到快樂，心的活動與嘴的活動都會作惡，使人墮入尼羅浮地獄。

直到出生阿浮陀地獄，會拖到三十六世代。還會多出五世代期滿，一直飽受苦果。內心受制於邪見而破壞聖賢的話，會像竹子破壞外形一樣。

㈡佛陀的兒子羅睺羅年輕時，不知口說妄語的果報。一天，有人來問：「佛世尊在嗎？」他故意說「不在」。如果真的不在時，有人問他：「佛世尊在嗎？」他卻說「在」。那個人後來將此事稟告佛陀。

佛把羅睺羅叫過來說：「你用洗澡盆去舀些水來給我洗腳。」佛洗完腳後，又吩咐羅睺羅說：「你把澡盆翻倒過來。」羅睺羅依照吩咐，立刻把它翻倒過來。佛又說：「你把水灌進去。」佛不等羅睺羅動手，馬上又問他：「水能不能灌到裏面呢？」羅睺羅回說「不能」。這時候，佛才告訴他說：「不會慚愧的人，正是用胡言妄語去矇住內心，彷彿道法進不去一樣。」

俗話說「富不過三代」，當然其中有許多原因。我想，最令人警惕的是，富家或官宦子弟，從小嬌生慣養，未經挫折，周圍都是一群諂媚之徒，平時拚命給他載高帽子害死了他。例如他們不斷注意他喜歡什麼，討厭什麼，把他的心事動機都摸透了，之後對準他的最愛，誘使他上鈎，而拍他馬屁就是最常用的伎倆了。日子一久，讓他不能分辨是非真假，他自然成了一群馬屁精的掌上玩物，即使他天生聰明，也想努力學好，有一番作為，最後也都不可能了。所謂「生於憂患，死於安樂」也是如此原因。發光的東西未必是黃金，好聽的話也未必是真話，大家要小心呀！

位居顯要、手握大權的人，身邊也不乏阿諛之輩，總想把他捧上天，希望得到「關愛的眼神」，或一官半職等實質利益，結果讓他聽了全身飄飄然，甚至連自己姓什麼都忘了，總以為自己天賦異稟，天下大事捨我其誰？其實都是一群馬屁精在害他……。

寫到這兒，奉勸讀者們信受《法句經》兩首偈語：

「攝護意忿怒，調伏於意行。捨離意惡行，以意修善行。」（二三二）

「智者身調伏，亦復語調伏，於意亦調伏，實一切調伏。」（二三四）

一四、和睦相處的秘訣

㈠、孔子說：君子要莊敬自愛，不要與人發生爭執；要跟人和諧相處，但也不能結黨營私。（衛靈公篇）

㈡、孔子說：如果彼此的主張想法不一樣，便無法在一起共同計畫了。（衛靈公篇）

【佛法解說】

這是團隊生活的秘訣，也是個人與團隊平衡與和諧的原則；不但互不相害，反而相輔相成，雙方都能受益，而這很類似佛教的僧伽或教團生活。

自從佛陀在鹿野苑初轉法輪，教化了五位比丘，接著一齊過成道後的夏安居，也可說是僧團成立的開始。其間，有波羅奈斯一位長者的兒子耶舍出家，同時，耶舍平時來往頻繁的善友富樓那、離垢、善博、牛王等五十幾位優秀青年，受到耶舍的感染，領悟諸佛所說：

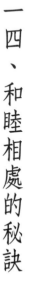

「一切造善惡，皆從心想起，是故真出家，皆以心為本。」

之後紛紛出家，且成就阿羅漢果。從此，佛陀正式展開宏法活動，安排他們各自教化一方，不可兩人同向一處。到了陰雨季節要回來共同修行。即化他不忘自修，自修不忘化他。

這五十六位阿羅漢組成的僧團，過著很融洽的和樂生活。因為他們都很純潔，以佛陀為信仰中心，不僅沒有主從關係存在，亦無誰控制誰的現象，更無種姓與階級差別。佛陀在僧團中只是代表，其間沒有訂立特別法律，佛陀只提示了學習「法味同受」、「財利共享」的原則。他們敬仰佛陀為大師，大師的一言一行不但可做徒眾的範楷，也能確實信受奉行。所以，有人稱這個僧團為一味同心的團體，因為他們全部都這樣和樂與清淨。

不料，僧團發展逐漸龐大，份子也跟著複雜起來。其間，難免有些問題發生。佛陀為了僧團和合，尤其為了正法久住，便開始「以法攝僧」。因為參與僧團的人都要過集團生活；除了自己精進修證，還得努力於教化工作；倘若同住大眾自己不能融洽，又怎麼發揮自利利他的功能呢？怎能完成「正法久住」的理想呢？所以，佛陀很重視僧團的和樂清淨。

為了達到「和樂清淨」的目標，就要有原則。於是，佛陀以「六和敬」為本，在「六和敬」的原則下，自然會相處融洽。那麼，「六和」是什麼呢？茲引述印順尊師的話說：

「六和中，見和同解，戒和同行，利和同均，是和合的本質；身和同住，語和無諍，意和同悅，是和合的表現。」

當然，同住的大眾在言論上有無諍論？行動上能否相安？內心是否投合？關鍵都在能否一齊遵守法制？思想能不能一致？經濟能否公開？倘若完全做得到，自然有和樂清淨的僧團。

這裏再引述印順導師一段註解說：

「在僧團中，有關大眾與個人的法制，固然有要求團員嚴格服從的義務，但如有特權階級，尤其是執法者、守法者不能共同遵守法制的話，必然影響到大眾的團結。所以，戒和同行是律治的精神所在；即使釋尊也不能違反律制，何況其他……。在同一集團裏，如讓經濟不平，思想糾爭起來，僧團必然分崩離析。在釋尊當時，能注意思想的統一、經濟的均衡，真是不平凡的卓見……僧團確立在見和、戒和、利和的原則上，才會平等、和諧、民主、自由的團結，負擔起住持佛法的責任。」這是大眾和合的根本原則。

但是，佛教的一切都要依戒律規定，個人或團體也一樣。倘若不這樣，其他理想都談不上。再說釋尊制訂戒律的動機，在使正法久住，而這也是最後目的。佛弟子要有組織的僧團，才能使佛法久住人間。於是，嚴格的紀律成為攝受僧眾的向心力。這一來，僧眾才能安樂地精進修行，不會終日為人我是非分心，道業也能天天進步。縱有少數不法份子敢違背紀律，也會被律制所折伏。

僧團的存在，一面重視利他，但也不忽略自己，每個僧員仍要以淨化自己的身心，追求究竟解脫為責任……。

佛陀住世期間，龐大僧團大體上能和睦相處，唯獨在佛陀七十二歲那年，突然發生提婆達多脫離僧團自立的大事。這段因緣不妨稍微說明一下，同時點破彼此的想法不同，與其相處在一起經常爭吵，不如分道揚鑣，各行其是較好。

提婆達多是佛陀的堂弟，也是阿難陀的同胞兄弟。在佛陀成道後第六年，回故鄉宏法時，發心追隨者很多，而提婆達多也是其中一人。

提婆達多的天資很好，學問也淵博，個性豪邁。從佛陀出家後，精進修行。但是，他自視甚高，總以為自己非比尋常，想以領袖自居。後來，他修得了神通，便去誘惑阿闍世王子，結果得到豐富的供養，也得到不少支持者。他目睹自己的努力逐漸龐大，一方面勸誘阿闍世王子殺死父王，自立為新王；一方面欲謀害佛陀自立為新佛，所謂「新王新佛並治」。

提婆達多以行動背叛佛陀，自創別的教義反對佛陀教示；同時攪亂教團的融洽和合，其間有過三次謀殺佛陀的舉動，造成「出佛身血」的五逆罪之一。雖然，屢次沒有達到害佛的目的，但他又想爭取佛弟子來歸，以瓦解佛陀的清淨教團。於是，他提倡五種新法與佛陀唱反調。他的五法是：

㈠應終身穿著糞掃衣，不得穿華美衣服。
㈡應止住於樹下石上或草菴，不得住堂皇的房舍。

㈢應絕對茹素，不得食葷腥的飲食。

㈣應如法的次第乞食，不接受施主的別請。

㈤應每日一食，餘時不得食。

但依佛陀看來，所謂衣食住等應該要自由，不必嚴格規定。原因是跟離垢無關。如果太過拘束，反而妨礙正道，不能趣向涅槃。佛法以證道涅槃為目的，怎可在日常瑣事計較呢？

對於上述五法，佛陀與提婆達多爭辯很久，但是，提婆達多始終不聽，佛陀看他無可理喻，便寂然予以默擯，不再談下去。不料，當佛陀離開後，他向其他僧眾宣布：

「我規定的五法是真正的解脫道。誰願意遵守的，請現在跟我走，我會引導你們進入涅槃城。」

儘管他這樣聲嘶力竭地呼喚，但卻沒有一個佛弟子想跟隨他，他只好沒趣地偕同自己的徒眾離去。可是，不久由於舍利弗、目犍連的設計，他的五百名徒眾知道自己走錯路，又回頭投歸到佛陀門下。這一來，提婆達多不但失去徒眾，連阿闍世王子也改邪歸正，皈依佛陀了。因此，他很快意志消失，沒有得到善終。

從以上可以得到很大的啟發，希望讀者們警惕。

現代人為了某種目的，參與各種社團活動，讓生活更豐富，更有意義，這當然無可厚非，但置身在團體裏要珍惜良緣，支持團隊理想，投入團體活動。倘若發現團隊目標變質，失去當初的動機時，不妨自行退出，而不必在裏面攪局。反正人各有志，可以另闢天地，不要形成黨中有派，派中有團，團中有伍，各唱各的調子，結果一蹋糊塗，反而不好。「六和敬」是團體和諧和永存的秘訣，應該不在話下。

一五、衣著差別　意料中事

孔子不將深青、絳色做領口和袖口的緄邊，也不把紅色、紫色做居家穿的便服。夏天炎熱，就穿葛布的單衣，裏面必穿內衣。到了冬天，如果外面穿黑上衣，裏面便配黑羊皮製的袍子；外面穿白上衣，裏面便配白底皮的袍子；若外面穿黃上衣，裏面就配黃狐皮的袍子。在家穿的皮袍要長，右邊的袖子短，方便做事。蓋的被子比身體長一倍半。狐貉的皮毛厚，用以做坐墊。喪服已除，佩帶玉做飾物。除了祭祀穿的用整幅布做裳裙外，其餘裳裙一定要斜幅縫製。不穿戴黑皮袍，黑色禮帽弔喪。每月初一必穿朝服上朝。（鄉黨篇）

【佛法解說】

依現代人看來，古代孔夫子的衣著雖不是奢侈浮華，但也不太隨便，且規矩很多！不僅冬夏衣服不同，連顏色亦得調配；碰到喪禮或慶典時有固定的穿著，見君王更不在話下。

社會習俗和宗教信仰不同，也會影響到服飾打扮的差異，這是可以想像得到的。釋尊所制定的衣服有三衣、五衣等，統稱為法衣。法衣範圍很廣泛，形式多樣，凡僧尼的穿著都不能違背戒律。在三衣（即袈裟）之下，另外穿的衣服也叫法衣。在禪宗，特指傳法時所授予的金襴衣為法衣。

在印度，規定比丘有僧伽梨、鬱多羅僧、安陀會等三衣。比丘尼除了三衣外，則加上僧祇支、厥修羅，叫做五衣。同時允許隨時可穿襯衣（下著）。三衣由於染色而叫它袈裟，或叫福田衣、降邪衣、解脫服、無相衣、慈悲服、功德衣……。三衣中，有大衣、重衣，乃至王宮或上街時所穿用者，係用九條乃至二十五條布縫製，由於布的條數有九類，故叫九品大衣，即僧伽梨。鬱多羅僧即三衣之中位，是禮誦、聽講、布薩之際所穿用，用七條布所製。安陀會是日常生活及就寢時所穿用，用五條布所製。關於三衣的製法，《十誦律》卷廿七、及《四分律》卷四十等，都有詳細規定。先要割截成小布片，而後再縫合成衣服，旨在杜防法衣被移做其他用途，並使僧尼捨離對衣服的愛欲心，以及避免別人偷竊。

法衣顏色通常以青、泥、木蘭等三色為如法色，叫三如法色，而青、黃、赤、白、黑等五正色，及緋、紅、紫、綠、碧等五間色為不如法色，都禁止穿用。

穿法衣規定——將衣服兩端，由左肩披至右脇下後，將環掛於扣或鈎上固定，叫做搭衣。坐禪時可覆搭兩肩，叫做通肩相或福田相；禮佛時必須露出右肩，叫做偏袒右肩，偏露右肩。當法衣不穿時，要用衣囊（袈裟行李）裝盛，方便攜行。

比丘的五衣、三衣都是佛陀制定的，故叫制衣。佛為應對方需要，而允許他穿用的衣服叫聽衣，以上合稱二衣。通常係將被棄置在垃圾堆中的破舊衣洗乾淨後裁製成袈裟，故叫糞掃衣。五種糞掃衣有施主衣、無施主衣、往還衣、死人衣和糞掃衣。

法衣的材料（衣體）有六種、七種、十種規定，並絕對禁止使用絹布類。但是依照《四分律》卷卅九記載，佛陀准許僧眾穿用拘舍衣（絹）、劫貝衣（綿）、欽婆羅衣（羊毛）、芻摩衣（麻）、叉摩衣（麻）、舍㲲衣（樹皮）、麻衣、翅夷羅衣（樹皮）、拘攝羅衣（鳥毛）、嚫羅鉢尼衣（草）等十種衣服。

在中國及日本，三衣日漸傾向形式化，故有各種袈裟之製作，而袈裟內穿的法衣也有不少種，且質料與色彩也日趨華麗。

一六、「中庸」與「中道」

孔子說：君子所作所為都依循中庸的道理，而小人則違反中庸之道。君子所以能夠這樣，是有君子的德行，並一直處於中和境界，小人所以違反中庸，是有小人的心思而又什麼都不怕……中庸的道理好極了，而世人長久以來越少人做得到……聰明的人太會計算，以為不足行，愚笨人卻又不明白，因而不能行。……賢明的人做過了頭，以為不知足；才能差者做不到，而又不設法求知……顏回平時做人頗能擇取中庸之道，一旦得到一個善道，便牢記下來，時時奉持，不會失去……。（中庸）

【佛法解說】

孔子的中庸之道，成了世人的口頭禪，意指待人處事不走極端，選擇中間路線。如果套在政治上說，便是符合大多數人的最大利益，絕對不偏袒任何一方，才能穩定社會。所以，這是很通俗的解說和應用。

佛法亦有一個類似名詞叫做中道，似乎跟中庸之道有異曲同工之義。那就是離開二邊之極端或邪執，純粹為一種不偏向任何一方的中正之道、觀點或方法。這是佛教的根本立場，不論大乘、小乘都很重視它，也都用這個名詞來表示本宗教理的核心，但其意義有深淺不同，滿有意思。

《阿含》教說八正道的實踐，要遠離快樂與苦行等偏頗態度，才能完成智慧，趣入菩提涅槃，故稱八正道為中道。《雜阿含經》第九有一則膾炙人口的故事，大意如下：

一位修行人名叫二十億耳，住在耆闍崛山上，專心修持涅槃之道，可惜沒有多少成就，轉念想還俗回家，廣行布施，多積福德算了。

釋尊明白他的意思，便命人叫他到竹林精舍來。釋尊和藹地對他說：

「我有話問你，你隨意回答好了。出家前你彈過琴嗎？」

「我常常彈琴。」二十億耳回答。

「你在彈琴時，如果絃線調太緊，能發出優雅的聲音嗎？」

「發不出優雅聲。」

「如果絃線太鬆，能發出優雅的聲音嗎？」

「發不出優雅聲。」

「如果不鬆不緊、不急不緩地拉動絃線呢？」

「世尊，這樣就能發出優雅的聲音了。」

既然這樣，你好好聽著，修道也跟彈琴一樣，如果急著要精進，就會動心懊悔，不能沉著。反之，如果進度太慢，就會心生怠惰，無法進展。因此，你要不急不緩，安安穩穩地修道；只要不執著、不安逸、不受制於相，依照規矩去修就好了。」

二十億耳聽了很歡喜，牢記彈琴的譬喻，獨自慢慢地進入禪境，終能除去煩惱，得到解脫。

如能正確理解十二緣起觀，遠離常見（眾生生命主體之我為永遠存續）與斷見（死後全都歸滅於無），或有見（自然之立場、世間之常識）與無見（虛無主義）等偏頗看法，便是正觀十二緣起，才是住於中道的正見。

若從生活上說，不論思想或行為都不要太偏激，一切隨緣或隨和些比較好。若刻意要特立獨行，凸顯自我，常常會有意外的麻煩，也許被人譏諷為作秀、好出鋒頭……。當然，有些方面不能走中庸之道，例如有人說，做人不必太好，也不要太壞，馬馬虎虎走中間路線就夠啦！這是不對的，應該儘量做個大好人；也有人主張不必太有錢，亦不要太窮困，只要生活過得去就好啦！這也未必正確；只要合法合理去賺錢，多錢多做善事，為善不怕多呀。或者說書不必讀得太好，也不要太壞，不好不壞就得啦！這也不正確，因為學問愈多愈能利益眾生，服務社會呀……。

總之，學佛修行要按部就班，不快不慢；不傾向苦行，亦不偏向享樂；日常的生活態度也應該如此，偏向任何一方都會出毛病，不論苦極樂極都會生悲，不要也罷！

一七、愈自謙 愈感人

㈠孔子問子貢：你跟顏回那個強些？子貢說：我怎敢跟顏回比呢？

顏回只要知道一，便能類推到十，而我知道一，只能推知二而已。孔子說：你的確不如他，但就是讚賞你自知不如他。（公冶長篇）

㈡孔子說：在努力求學方面，我或者能比得上人家；至於做個身體力行的君子，我還沒能做到。（述而篇）

㈢孔子說：若說我是聖人與仁者，我怎麼敢當呢？我不過在這方面不厭煩地學習，不懈地教人，只能這麼說而已。公西華說：這正是弟子們學不到的啊！（述而篇）

㈣孔子說，我有知識嗎？我所知極有限。有個鄉下人來問我，態度誠懇，我反問他這個問題的正反面和來龍去脈，之後再竭盡所能告訴他。（子罕篇）

【佛法解說】

以上是孔夫子的自謙，真是有教養，不傲慢的最佳風範。所謂「滿桶水不會響，半桶水響叮噹」，「虛懷若谷」的學者榜樣，太值得現代人學習哩！

佛陀貴為人天導師，修得六種神通，斷盡煩惱，救度了無數眾生，他仍然很謙虛！不但不會在大家面前誇言自己的神通，或展示一兩手來炫耀，也一再吩咐徒眾少賣弄神通，常自謙沒有教化過什麼人，毫無功勞可言。例如《金剛經》有兩句話讓人無限動容，佛陀說：

「像這樣救度許許多多的眾生，其實都是眾生自度，並沒有一個眾生得到我的度化……眾生本來是佛，不須如來度他。老實說，沒有一個眾生被如來度的……。」

那麼，佛陀為什麼這樣謙虛呢？因為他修行到家，完全沒有我相、人相、眾生相和壽者相才能徹底無相布施，這方面恐怕不是孔子所能及！

佛陀常常警惕弟子，即使已經智慧圓滿，也應含蓄謙虛，像稻穗一樣，米粒愈飽滿垂得愈低。真正的智慧人生，必定有誠懇自謙的態度，這樣才能分辨善惡邪正，才能建造美滿人生。自謙能縮小自己，放大心胸，包容一切，尊重別人；這一來別人也一定會尊重你，接受你。

《華嚴經．法界品》提到一位善財童子，非常有善根，懂得什麼是正法，但是他仍然很謙虛，一心想要尋訪善知識，期待他們的開導來助長自己的修持。他千里迢迢不辭辛勞地參訪了五十三位大德，結果得到許多智慧。

筆者讀過幾十遍《六祖壇經》受用不少，其中讓我最感動的是五祖弘忍大師門下那位大弟子神秀，本以為自己可得五祖的衣鉢傳承，不料，眼睜睜看著一個大字不識的慧能拿走了衣鉢，有些同修心有不甘，甚至瞧不起慧能，只有神秀能冷靜反省，覺得師父肯將衣鉢傳給慧能必有道理，也自覺悟力不如慧能轉而尊敬他，仰慕他，絲毫不嫉妒他，或想陷害他。這可由下面幾段話可以看出神秀的包容心與自謙態度，實在非比尋常。

慧能住在曹溪寶林寺，神秀住在荊南玉泉寺，當時兩宗都努力宏法，人人都稱「南能北秀」。有一次，神秀對徒眾說：「慧能已得無師自悟的佛智了，我遠不如他，我恨不能遠道去親近他，我在這裏極受國家的恩寵，你們不要留在這裏，可以去曹溪參訪受益。」不久，他又對門徒志誠說：「你的天資聰明，可以為我到曹溪去聽法；倘有聞所未聞，就要好好記住，回來再講給我聽。」

在唐中宗年間，太后武則天和中宗下詔書，要迎請惠安和神秀兩位到宮中供養，以便閒暇參究教理。但是，他們都很謙虛推讓說：

「南方慧能禪師曾受五祖衣法，傳佛心印的人，可以去迎請他！」

其實，神秀也是北方一派宗師，仍舊很自謙！

自謙代表一種莊嚴與尊貴，人若自謙，則讓人愈佩服，自誇便讓人懷疑。所以，希臘哲學家亞里斯多德也說：

「對上級謙虛是本分，對平輩謙虛是和善、對下級謙虛是高貴，對所有人的謙虛是安全。」

再讀莎士比亞一句名言：「自謙是最高的克己功夫。」可知本文主角佛陀與孔子在這方面的修養多麼讓人敬仰！

被人公認的天才科學家愛因斯坦，在物理學的成就出乎其類，拔乎其萃；每當世人向他嘖嘖讚嘆時，他總會自謙是科學界的小兵。還有美國那位家喻戶曉的發明大王愛迪生，也不時向世人宣稱自己所有的發明僅靠百分之一的天分，其餘百分之九十九全靠自個兒努力，這些謙虛的話語，感動了他的無數的崇拜者。前不久應邀到洛城做三天演講的西藏精神領袖達賴喇嘛，說了一句既幽默又真情的謙虛話：「以前，我親眼看見西藏一位喇嘛修得神通，登高山如履平地，不過，我自己卻一點兒也沒有神通……。」儘管事實如此，憑他在佛教界如日中天的名望，稍微誇大些也不為過，無如，他始終實話實說自己是個凡夫……。我想，他比起那些自吹自擂有什麼神通的「活佛」、「上師」等要謙虛太多了。

一八、愛傳統　反傳統

㈠、孔子說：周代的禮制，是依據夏商兩代來加以修訂的，致使禮樂典章十分完美，文采炳煥，我主張遵從周代的禮樂制度。（八佾篇）

㈡、孔子喟嘆：我已經老了，很久以來，我沒有再夢見周公了。（述而篇）

㈢、孔子說：古人講「人才難得」，不是真的嗎？唐虞以後，到周武王時可說是人才最多的了。其中還有一個婦人，實際上只有九個人罷

了。周文王贏得天下三分之二民心的擁戴，仍然以諸侯的禮節奉事殷朝，周朝的道德可說是最高的了。（泰伯篇）

㈣、孔子說：我只敘述舊事而不創作，篤信又喜歡古代的文物典事，在私底下自己比擬為商代的老彭。（述而篇）

㈤、孔子說話採用周朝的官話：凡是誦語、讀書、行禮都用周朝官話。（述而篇）

【佛法解說】

孔夫子可說相當尊崇傳統，甚至到了如醉如癡的地步，開口閉口周代的禮制有多好，人才有多齊全，對於眼前的現實頗多埋怨和指責。其實，社會制度、禮樂典事、人的思想觀念、價值判斷……等，都是時間、空間、人事、文化等諸多條件的因緣和合，隨時在變化，不可能永遠保持原狀，而孔子執迷古代體制，和傳統思想，未免太僵化了。倘若他能領悟因、緣、果的道理，也許就不會這樣回憶和留戀傳統了。

大體上說，佛陀是反傳統和反權威！沒錯，任何人的思想和觀念都無法跟當時的背景脫節。偉大如佛陀，雖然特立獨行，證悟真理，開創印度思想界的新里程碑，他仍然不例外，他的教法有少部分受到時代背景的影響，有些是改進攝受，有些跟外道相反，而有些為自己獨創。

現在，分別簡述於下：

㈠以人為主體，不以神或天帝等為主體。他自己自認是單純的人類，也是標準凡夫，不像其他教主以神天自居。他的覺悟、成就和功德，完全歸功於自己的努力與才智。且主張惟有人類才能成佛作祖。更重要的是，人人皆有成佛的潛能，都能成佛，而不像其他宗教要靠外力——神或天帝來協助。例如《法句經》說：

「人應當自作皈依，沒有誰可作自己的皈依。」

「工作須靠自己做，因為如來只能教你們怎樣做。」

所以，他不時教示弟子自作皈依，努力自求解脫，別人幫不了忙。佛陀只能指點迷津，主要靠自己去實行。

㈡准許弟子們自由思想。《中阿含・求解經》有一段記述可以做見證：

某年，佛陀來到憍薩羅國的羈舍子村去教化，村民是迦摩羅族，聽說佛陀來了，就來求教說：

「以前有許多出家人來，只弘揚自己的教義，而輕蔑、指責其他教義。之後又來一批出家人也一樣，這使我們懷疑到底誰說真話？誰說虛妄？」

佛陀教示他們說：

「你們懷疑得沒錯，對任何可疑的事都應該懷疑。你們千萬別被流言、傳說或片面之詞所左右，也不要依據宗教典籍或單靠論理推測，更不可單看事物表象或憑嗜好揣測而得來的見解，甚至憑似有可能而信以為實。同時不要馬上斷定『他是我們的導師』。當你們確知某事不善、錯誤、邪惡時，就要革除它們……若確知某事善良、美好，就要信受奉行。」

這種自由思考是人類宗教史上所沒有的。依照佛陀的看法，人類的解脫不是靠神明，要靠自己對真理的領悟。

㈢對外教的寬容態度也是宗教史上絕無僅有的。例如那爛陀城有一個長者叫優婆離，原是耆那教主尼乾若提子的在家弟子。某次，他奉師命去跟佛陀辯論關於業報的問題，想駁倒佛陀；不料，幾經辯論，他反而相信了佛陀的見解，並央求佛陀收他做弟子，但是，佛陀叫他要再三考慮，不必急於做決定。優婆離苦苦哀求得到承諾後，佛陀仍要他繼續供養他以前的老師一如往昔。

這種寬容的精神是以前所有宗教罕見的，難怪兩千五百年來，始終沒有佛教徒迫害異教的例子，佛教也從未用武力逼迫人信佛，而造成流血事件。所以，不論任何藉口、任何形式的暴力都違背佛陀的教義。

㈣佛主張正信和智信，而不主張盲信與迷信，正統婆羅門教堅持信徒要接受他們的傳統與權威，不允許懷疑，這跟佛教完全相反。佛教的「信」是知見，而不是相信的問題，意謂請你自己來「看」，而不是來「相信」。經典上說：

「眼睛生出來了，知識生出來了，智慧生出來了，善巧生出來了，光明生出來了。」

佛教一向由智慧得正見，不是由盲信而生信仰。

㈤原始佛教或佛陀的獨特思想，正是他在菩提樹下證悟的真理——「緣起」；說得明白些，即「諸法因緣生，法亦因緣滅，是生滅因緣，佛大沙門說。」在《雜阿含經》上也說：「此有故彼有，此生故彼生，此無故彼無，此滅故彼滅。」當初舍利弗從佛弟子阿說示口中乍聞這句話，便驚喜若狂，跑回去找目犍連一同歸依佛陀。原因是他們以前修道多年，都依傳統教條而得不到宇宙人生的真理，而今乍聞這句佛偈，始知它便是究竟的答案。

這個緣起是以人生論的觀點，來探索生命的流程。這在《過去現在因果經》中有詳盡的記述，大意是：

人的老、死等痛苦原因，完全出自無明（愚痴）；如能消滅無明，便能消滅苦惱。這叫做十二緣起——無明、行、識、名色、六入、觸、受、愛、取、有、生、老死。

人在日常生活裏為何會苦惱呢？因為有老與死，那又為何有老死呢？因為有生命（生）；那又為何有生命呢？因為有執著（取）；那為何有執著呢？因為有渴愛（愛）；那又為何有渴愛呢？因為有感覺（受）；那為何有感覺呢？因為有接觸（觸）；那為何有接觸呢？因為人有六種感覺器官（六入——眼、耳、鼻、舌、身、意）；那為何有感覺器官呢？因為有精神與肉體（名色）；那為何有精神與肉體呢？因為有識（識），那為何有識呢？因為人有行為（行）；那又為何有行為呢？因為在意識底下有「無明」之故。

總之，無明是對人生與宇宙的真相一無所知。只要能消滅它，依序便能消滅苦惱了。

㈥印度在「梵書」末期，業果輪迴說早已萌芽，當然，佛陀住世時代，也從俗地接受了業果輪迴的名詞，建立以緣起法為基礎的內容。但佛陀的業果輪迴說不承認有輪迴主體——靈魂，而主張業力本身的輪迴，這與外道的說法不同。到了後來，大乘佛教瑜伽行學派，建立以第八識為輪迴主體，超越了印度原有的輪迴說。

㈦婆羅門教和其他外道，有人主張生死五蘊身內有一個真實常住的我，亦有人主張五蘊身外有一個真實常住的我，佛陀則以有情是五蘊和合而有，這即是緣起法。故宇宙間沒有孤立存在的事物，此即所以「無我」。佛陀的三法印——「諸行無常」、「諸法無我」、「涅槃寂靜」、是指藉四大五蘊而有的有情說。

㈧佛陀住世時代，各種外道對於世界人生的學說，有神意論、宿命論、無因論以及「結因論」，認為世界和人生是由地、水、火、風、苦、樂、靈魂七種之意結合而成。元素結合順利與否可以決定人的一生命運，佛陀認為世間有兩種：「有情世間」與「器世間」。前者即所謂「眾生」，是精神和物質的組合，其組合元素叫五蘊：色、受、想、行、識。後者（器世間）則是物質的組合，其元素為四大：地、水、火、風。但這四大、五蘊兩類元素不是固定的，它經常變化不定，難逃無常。

本來，婆羅門教主張有一個恆常、惟一和主宰，以自在為性的自我，即個人內在的本我，《奧義書》哲學強調這種意義不凡的自我。因為它與宇宙靈魂的大我梵天，有相同本質，故所謂「梵我一如」，這個我是永遠不滅的本體自我。當時不少外道也以這個我是靈魂、是實體的自我。但是，佛陀的緣起觀否定這個永恆的自我，故說：「諸法無我」。

總之，佛陀的真知灼見，跟婆羅門教和外道的觀點南轅北轍，敬請學佛的人注意時下許多法師、上師、法王、導師、大師等稱號，都會有傳統與權威的意義，而這些也都在原始佛教裏看不到，至於是否有人藉此招牌另有企圖，實在值得深思。

在禮樂祭儀方面，孔子幾乎少有創見，而遵循傳統，思想觀念也不例外，在在扮演與佛陀相反的角色。

一九、異口同聲讚師尊

㈠、顏回喟然說：夫子的道理太高深了，我愈仰望它，它愈顯得高遠；愈鑽研它，愈顯得堅實。看起來好像在前面出現，忽然又到後面去了。夫子逐步地誘導我，先教我博學文章典籍；之後教導我禮節，藉它約束我的行為。即使我想停止學習也不可能，我用盡了我的才力，似乎看到夫子的大道卓立在我面前；我想更進一步跟上它，卻怎麼也跟不上

去啊！（子罕篇）

㈡、孔子說：君子的美德有三種，而我都做不到，那就是仁德的人不會憂慮，智慧的人不會迷惑，勇敢的人不會畏懼。子貢說：這三種美德正是老師的自述哩！（憲問篇）

㈢、叔孫武叔在朝廷上向大夫們說：子貢的學識道德比他的老師仲尼還強。子服景伯將這番話告知子貢。子貢說：譬如屋子的圍牆：我端木賜的圍牆高度只到肩膀，從牆外便能窺視房裏的美好；但是，我老師的圍牆倒有好幾丈高；如果找不到大門走進去，就看不到裏面宗廟裝飾的輝煌、文武官員的盛儀。其實，能找到大門進去的人很少，武叔不了解我的老師，說我比他強，不是很自然嗎？（子張篇）

㈣、叔孫武叔毀謗仲尼。子貢說：這樣做沒有用，仲尼是不可毀謗的。別人的賢能像丘陵一樣，還可以超越過去；仲尼好比太陽月亮一樣，沒法子超越他的……。（子張篇）

㈤、陳子禽對子貢說：你只是特別尊敬老師罷了，仲尼的學問果真勝過你嗎？子貢說：君子可從一句話表現他的聰明，也可從一句話表現他的不聰明，因此說話要謹慎。夫子的崇高不可及，好比上天不能用梯子爬上去一樣。倘若我們的老師有機會治理國政，會像古人所說：教導人民自立，人民便能自立；引導人民行德，人民便能跟隨；只要他安撫民眾，民眾會來歸附；即使役使他們，他們也會樂意順服。生前大家敬佩他，死後人人哀悼他。這樣別人怎能及得上他呢？（堯曰篇）

【佛法解說】

古代孔夫子能擁有一大群門徒，已是非常難得，而眾多門徒都這樣尊敬他，更加讓人讚嘆。徒眾心目中的老師或師尊，顯然不只學識好、聰明非凡，德行也一樣崇高，說到做到，以身作則，才會令他們由衷地敬仰。中國人常說「尊師重道」，像孔夫子這樣的老師，不論知識道德都值得尊重，也永遠可當各個社會族群的範楷。

再說佛陀在徒眾心目中的地位，比孔子有過之無不及，不但他的弟子們敬愛，連異教徒和非人類也崇敬他。這可由以下的佛經記載來佐證。

1.《華嚴經》：「佛陀大公無私好像太陽普照萬物一般。」

2.《妙法蓮華經》：「佛陀為利益眾生而出世，好像大雪化雨來滋潤一切草木。以平等心慈愛一切眾生，無私地教化一切弟子，而不分貴賤、上下、和愛憎。」

3.《法華經．藥草喻品》：「如來是一切智慧、一切見者、開道者、說道者、以智慧度眾生者。」

4.《大智度論》廿七卷：「惟有佛才能究竟了知宇宙一切事物的總相與別相，其他所有聖者如菩薩和阿羅漢，都只能了解局部事物和一切事物的總相。」

學佛的人耳熟能詳舍利弗以「智慧第一」著稱，但是，他的智慧比起佛陀簡直像小嬰孩，微不足道。關於這方面，且讀《阿婆檀那經》一段描述：

有一次，佛陀到祇洹歇腳，大約午後四時左右，剛從禪坐中起立，只見一隻老鷹追趕一隻鴿子，鴿子飛到佛陀身邊停下，藉著佛陀的身影，馬上覺得身心安穩，不再惶恐。不久，當舍利弗的身影遮住牠時，鴿子又呈現惶恐狀，且發出哀鳴。

舍利弗問佛陀：「佛陀和我的身上都已沒有貪、瞋、癡三種煩惱，怎麼鴿子的反應情狀不一樣呢？」

佛陀說：「你的三種煩惱及其餘勢尚未完全除盡，致使你的影子無法讓鴿子的恐怖完全解除。你不妨觀察一下牠的前世因緣。」

舍利弗馬上進入宿命智三昧，觀察這隻鴿子的前一世、二世、三世，直到八萬大劫前，仍然是鴿子身，再往前看便什麼也看不到了。舍利弗從三昧醒來，便將情況稟告佛陀，之後，佛陀又吩咐舍利弗觀察鴿子的未來世。舍利弗又進入三昧去觀察，結果也只能看到未來八萬劫，牠一直不能脫離鴿子身。總之，舍利弗無法知道這隻鴿子過去世與未來世的極限……。

但是，佛陀卻能指出鴿子在如恆河沙般無限大劫裏，始終不離鴿子身。之後受完業報，才能離開鴿子身，再投生到五道輪迴出身為人。後來經過五百世代，才能得到聰明資質，學佛守五戒，同時發心將來成佛。經過三段漫長歲月，實踐六波羅蜜，終於成佛，度了無數眾生，才進入涅槃。

舍利弗聽了始知自己的智慧比佛陀差太多，而感到非常汗顏。

在佛陀的十大弟子裏，有一位迦旃延被稱為「論議第一」。有一次，一個外道問他：「什麼人才能離開我見與貪慾呢？」他肯定地回答：「只有佛陀是一位無上正等正覺者，他沒有貪慾煩惱、我見執著，他不愧是天人的導師。」言下十分崇敬，而那個問話的外道從此也皈依了佛陀。

佛陀生前，徒眾對他的崇敬不在話下，且是從心底發起，這一點可從佛陀圓寂後，徒眾對他的懷念追憶中看得很明白。例如，大迦葉召開三藏結集時，曾對一群佛弟子說了一段很生動和誠實的話：

「佛法快要滅亡了，佛陀經過長時間做出各種努力，憐憫眾生才領悟的佛法……不論怎樣，我們要受持佛陀的教喻，在這完結經藏內涵。」

總之，一群佛弟子甘心投入宏法行列，繼續佛陀的慧命，當然是崇拜的明證。

現代的教育工作者，雖然有十分壯大的陣容，從幼稚園算起，包括小學、中學、高中、大學和各種研究單位，都佈滿許許多多傳道、授業、解惑者。在知識爆炸、資訊發達的時代，教師所扮演的角色格外受人注目，但最要緊的是，不僅要為「經師」，充分傳授知識，更要努力為「人師」，以本身的道德和人格，薰陶學生的品行及行為。其實，也只有「人師」才會讓人懷念。倘若有豐富的知識，而沒有超然的品格，不僅是個失格的教師，給學生留下可恥的記憶，對於社會人心的負面影響無法估算，但願學佛的人牢記這一點。

可惜，環視眼前的國內形勢，亂象叢生，無數的下一代幾乎都滿腹經論、常識豐富，惟獨對於品行的修持興趣缺缺，當然，凡事有果必有因，但願所有教師都能效倣孔子、佛陀的教育風範，在學生們心目中成為一位好老師，並讓他們有口皆碑，終身懷念您。

二〇、宣揚理念　不能退卻

㈠、孔子說：我的主張不能推展，就會乘木筏到海外去；能跟我一

同去的，恐怕只有仲由……（公冶長篇）

㈡、孔子在陳國時，不禁嘆說：回去吧！回去吧！我家鄉那些弟子們，志向遠大卻粗心大意做事情，道德文章都很不錯，可惜不知怎樣裁剪衡量。（公冶長篇）

【佛法解說】

孔子周遊列國，打算實現理想，結果很失望，就想回國算了。佛陀到外地弘揚教法時，遇到各種困難，但他不退卻，反而活用各種善巧方便達到目的，這一點顯然比孔子高明多了。所以，佛陀幾乎通行無阻，佛弟子也一樣不會遇到困難就打退堂鼓，或動不動要遠走他鄉，不敢面對現實。只要時機成熟，再遠再壞的地方，佛弟子也會去宏法，甚至犧牲性命也不怕。《舊雜譬喻經》下卷有一則故事可以佐證：

某年，釋尊住在王舍城的靈鷲山，聽說某地有一大群人素行不良，生性兇惡，不論男女都無惡不作。目犍連稟告釋尊，我們何不去教化那些百姓？釋尊答應了。目犍連先去說道勸善，教他們不要做惡，否則會有惡果。不料，他們聽了反而指罵目犍連，迫使目犍連只好敗興回來。接著，舍利弗也去教化，誰知被他們吐口水侮辱；之後，大迦葉率領五百弟子去，努力教化，結果也無功而返。阿難稟告釋尊：

「這些百姓真壞，不但不聽教化，反而侮辱羅漢們，實在罪加一等，連虛空也不容他們了。」

「若以菩薩看來，他們應該無罪。」釋尊便派文殊菩薩去。文殊到該國，並不像以前幾位佛弟子那樣指指點點，努力勸導，他只竭力稱讚：「貴國百姓全是賢者，所作所為都不錯嘛！」即使去拜見國王也一樣稱讚。

文殊依據自己的觀察，按照他們不同的教養程度，而稱讚某人勇敢，某人有仁義，某人很孝順，某人有機智、某人有膽識；總之，他因應各人的特長而予以褒獎，以致皆大歡喜。他們十分驚訝，怎麼這位人物說話如此神奇，居然能洞悉自己的想法和作為呢？不久，他們紛紛手持貴重的香華，散放在文殊菩薩的頭上，爭先供養衣服與飲食。比起前幾位阿羅漢，可說受到頗為隆重的款待。這時，文殊知道因緣成熟了，毅然宣稱：

「諸位這樣熱心供養我，把我當做大人物，其實，我的師父更棒哩！他就是釋尊，也叫做佛。你們若肯聽他說法，虔誠供養他，可以多得幾十倍福報。」

百姓們聽了，歡喜之餘，都跟文殊來到釋尊面前下跪，聆聽教理，待文殊教化了這群兇暴的百姓後，釋尊便問阿難說：

「阿難，你說他們侮辱阿羅漢，罪大惡極，而今怎麼啦？」

五百羅漢五體投地，自嘆不如，深感慚愧。

不論個人或政府，向廣大群眾宣揚理想與政令時，不要突然要他們做這樣，做那樣；或馬上命令不准這樣，不許那樣；一定要依據社會民情，先做調查分析，即使做不到極客觀與科學性的研究，至少也要先有某種程度的實質了解或概略觀察，之後擬定先後計畫，宣傳理念及其益處，讓百姓有心理準備，思想觀念能接受以後，再要求實踐才是善策。倘若像孔子那樣到處勸人行仁義，即使其志可嘉，可惜曲高和寡，才會敗興歸來。有道是人心不同，各如其面。孔子見過許多政府領袖，只知可曾活用各種方便去勸說、或教化?若沒有權宜方便，肯定讓對方聽不進去……。

可知教化異國百姓要懂得秘訣，遇到挫折便退卻，愚痴之至。《六度集經》第五有一篇大意說：

某地有兄弟兩人張羅一大批貨，打算去裸體國經商。

因為那裏民情特殊，風俗怪異，所以兄弟倆對於經商方法有不同意見。弟弟說：

「凡有福德的人都不愁衣食；只有福分淺薄之輩才不能如願。那裏有一群無衣可穿的可憐人，尤其，既無佛、無法、也無宏法的僧眾；我們去很難理解當地人心，生意很難做。所以，我們要入境問俗，先模倣他們的風俗習慣、言語舉止，裝得跟他們一般才是善策。」

不料，哥哥卻說：

「禮貌要周到，否則就是野蠻；福德是天賦，不必遠慮。我們到那裏怎能跟他們一樣赤裸裸身體呢?笑話嘛!」

「哥呀!自古至今，成大事的人都明白通權達變的道理。表面上裝銅、裏面含金；暫時丟棄禮儀，順應民情。起初很不習慣，會被人嘲笑，後來就會被人默許，這才是權謀之道。」

兩人各抒己見，商量妥當後，弟弟先行出發了。

原來，該國風俗在每月十五日夜晚，舉行遊樂晚會，男女皆塗香油、擦白粉；手牽手，依節拍，載歌載舞。弟弟也加入行樂人群裏，跟他們打成一片，而當地人也樂見旅客的活潑熱情。結果，人人愛他，國王也善待佳賓，願意出十倍的價值買他的貨。

哥哥以為他們像禽獸，怎麼也不肯模倣。一踏入該國，便反抗眾人吵得要死。當然，他的話使國王憤怒，群眾也出手打他，搶走他的財物。弟弟一看情形不妙，馬上出面哀求國王寬恕哥哥，這樣才讓哥哥安全脫身。當弟弟回國時，群眾紛紛送行，對哥哥，他們大聲斥呵快滾蛋，不許再來……。

到外地宣揚理念，例如以往許多西洋人到中國傳教，或現在的佛教高僧出國宏法，都得入境問俗，先弄清楚當地的民情風俗。

再說民主時代的選舉也一樣，不論地方或中央，競選人一定先要了解百姓的需要，或對以前某些政策的不滿，之後提出自己的理想與計畫，很理性又清楚地向大家善意解說，並配合當地民眾的願望才能有獲勝的機會。否則，一場選戰結束，必定榜上無名，不管自己的理想有多好，或懷有多大熱忱想服務大眾，倘若不講究選舉技巧，例如大眾語言、造勢方法、肢體動作和宣傳要領，結果也不能當選。

二一、生命平等　殊勝相同

㈠、某次，子貢要把每月舉行告朔禮所供奉的餼羊免掉。孔子說：賜啊！顯然你是愛惜那頭羊，而我則愛惜那種體制。（八佾篇）

㈡、孔子評論仲弓說：毛色駁雜的牛所生的小牛，牠的毛色純赤，且頭角端正；人們雖不想用牠做祭牛，但山川之神怎肯捨棄牠呢？（雍也篇）

㈢、孔子用釣竿釣魚，不用大網取魚；用繫生絲的箭射鳥，不射夜

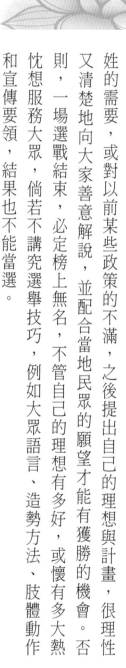

宿之鳥。（述而篇）

【佛法解說】

孔夫子雖然滿懷仁義道德，反對戰爭，或濫殺無辜，不過沒有完全戒殺，且對生命沒有徹底的平等心，以為人的生命比其他動物生命值錢，且有尊嚴；為了祭禮不惜殺羊，殊不知再小的羊群或昆蟲也一樣有生命尊嚴；不能厚彼薄此，甚至犧牲牠們來成全禮俗及人類的食慾。

例如有一次，馬房起火燃燒，剛巧孔子退朝回來，立刻問：「有沒有燒傷人？」卻不問馬燒傷了沒有？（鄉黨篇）

可見這方面還不及佛陀哩！因為佛陀對人與動物等價齊觀呀！

在佛教經典與故事裏，有頗多以動物為表現的例子。原因是受到業與輪迴思想的影響，也有精靈崇拜的傾向，以及當時流行用譬喻、擬人化的表現法。例如「本生談」常以當時流傳的動物譬喻，來說明佛陀生前有各種功德，而這是教化眾生最有效的方法。

以動物為主角的寓言數量頗多，例如一角仙人故事、六牙白象本生、月中兔本生等，都是膾炙人口的動物譬喻故事。另外如猿、豬、龜、鹿、象等動物，在「本生談」文學中都深具人性。還有《所行藏》、《六度集經》、《佛本行集經》、《百喻經》、《出曜經》、《撰集百緣經》、《雜寶藏經》、《菩薩本行經》、《菩薩本緣經》等，都以動物為題材來譬喻和教訓世人，例如佛教徒耳熟能詳的「盲龜浮木」，比喻人身難得，要好好珍惜有生之年，多做善業，聽聞佛法；「師子身中蟲」也比喻人在佛門中，卻在破壞佛法，非常可惜……。

在輪迴思想裏有畜生道，那是一種因為無知而彼此殺害、苦多樂少的世界，也是罪業深者所轉生之處。雖然墮落為畜生，但仍有成佛的機會，那就是「十界互具說」。

大乘佛教特別重視有關動物的佛性，和成佛等問題。主張「一切眾生悉有佛性」，和「五性各別說」，例如「狗子佛性」的禪門公案，膾炙人口。

在《佛陀傳》裏，有不少愛護動物的故事，例如，佛陀前生曾經捨身飼虎、月中兔本生等。不殺生戒是佛教徒必須遵守的五戒之一，非常重要，如果犯了不食肉戒，就會斷了大慈佛性的種子。當年，佛陀竭力禁止沒有意義的祭俗——殺馬祭。

記憶裏，孔夫子的著作似乎沒有提到動物生命的價值尊嚴跟人類一樣殊勝，致使國人幾千年來不太重視肉食過甚的缺失，直到今天才在強大國際輿論的指責下，慢慢收斂濫殺野生動物的殘暴行為，繼而出現保護動物的呼聲，至於有無具體可行的動物保護法，而今我還不清楚。不過，國人千萬別把自己的快樂建築在動物的「生命」上，同時能把祭祀典禮中非殺「牲畜」不可的禮俗修改一下，尤其放掉「挫魚、挫鴨、射鴿」等新興休閒活動，並擴大和充實古德所強調的「人有惻隱之心」才好。

在此順便講幾則民俗故事，希望啟發所有佛友們的良知。

㈠中國古代有一位學士名叫周豫。一天，他在家裏烹煮鱔魚，猛見其一條拱背朝上，以魚尾就烹，讓他十分驚訝，就將魚腹剖開來看。原來內有纍纍魚卵，使他恍然大悟為何世人稱鱔魚為「護子魚」的理由。他感觸之下，不禁讚嘆：「一點護兒心不死，自身餘肉已無多。」

㈡古時有一個少年叫做許旌陽，嗜好打獵。一天，他射死一隻小鹿，忽然，母鹿匆匆跑來為牠舐傷痕，不久，母鹿也死了。他剖開母鹿的腹部一看，腸子都斷裂了。許姓少年非常懊悔，立刻把弓箭折斷，入山去修行了。所謂「天下父母一般心，開膛剖腹羅剎行。」連動物也不會例外。

㈢一個屠夫要殺一隻母羊，剛將牠綁在架上時，只見小羊前膝雙跪，淚水直流，像在懇求一樣。屠夫吃驚之餘，把刀放下後離開，一會兒他回來時刀子不見了，原來刀子被小羊銜走，放在牆腳下，自身臥在刀上了。

㈣大陸齊河縣有一個大盜，在王臻的家門前殺人後逃走，害得王臻被捉去坐牢。一天，當知縣路過該處時，只見一條牛直奔到轎子前，跪下悲鳴，久久不起，好像訴怨。知縣問是誰家的牛隻？眾人回答說是王臻家的，知縣心裏省悟，再度審訊，以罪證不足釋放王臻。不久，抓到了那個大盜，一切真相大白。齊河人感念牛的忠義，寫下「義牛記」流傳後世。

下則報導也非常有啟示性，那是幾年前報導台北市幾十處傳統屠宰場的詳情，內容十分逼真，讓人必會感觸才對。內容是：

「我看見幾十頭豬擠在一輛卡車裏，一路上顛簸著，豬隻似乎十分痛苦。下車時，也許牠們已嗅到血腥氣息，或因為本能的知覺，使牠們對自己即將死亡瞭然於心，有幾頭豬居然跪下來，不論司機怎樣驅趕，就是不願下車。有的被鐵鞭打得皮開肉綻，哀聲呼叫，仍跪在原地發抖，甚至流下眼淚，幾乎有半數以上的豬都有這種反應，非常有靈性，即使牠們被硬拖下車，也似乎時時在恐怖、緊張狀態……不用電擊法或二氧化碳昏迷法等人道措施，只見屠宰工人在場內追殺滿場驚慌奔跑的豬，用粗鐵鈎自豬的頭上戮下，再往前拉，一次刺不中，再刺時發出哀嚎的慘叫，流血遍地，看了令人膽顫心驚……。」

乍讀下，不禁驚嘆為第一流文筆，寫得動人心弦。孔夫子若能目睹這些鏡頭，肯定也會湧起一切有情眾生的命都一樣珍貴的感想，同時也不會堅持祭禮非殺羊宰馬不可，而讓自己非比尋常的惻隱心、同情心、道德心再向前一步，努力讚嘆生命的平等觀。

現在先進國家篤實推行野生動物保護政策，但願國人起而效之，學佛的人尤其別忘這首詩：

千百年來碗裏羹，怨聲似海恨難平！
欲知世上刀兵劫，但聽屠門夜半聲。

二二、勸誘學生 各用絕招

㈠、宰予在白天睡覺。孔子說：腐朽的木頭不能雕刻，骯髒的土牆不能粉飾，像宰予這種人不值得去罵啊！又說：起先，我聽到他的話，就相信他的行為，現在，我聽到他說話，還要觀察他的行為。這是因為宰予才使我改變態度。（公冶長篇）

㈡、冉求說：我不是不喜歡遵照老師的道理去做。實在是我的能力有限。孔子說：能力有限的人，走到半路才會停下來，而你現在是畫地自限，不想前進。（雍也篇）

㈢、孔子對子夏說：你得做個君子型的大儒，而不要當個小人型的

醜儒。（雍也篇）

㈣孔子說：若有過失而不肯改正，才是真正的過失。（衛靈公篇）

【佛法解說】

顯然是宰予在大白天睡覺，不認真求學，才讓孔夫子說出這句重話，而不是因為宰予的愚笨；同時，也因為宰予說話跟行為不一致，才讓孔夫子改變態度。換句話說，前句有兩個重點：一是老師授課要認真聽講、不能打瞌睡；二是說話算話，言行要一致。佛陀有一位弟子叫阿那律，本是佛陀的堂弟，後來偕同阿難、難陀、優波離等跟隨佛陀出家，起先修道很精進，不料後來不時在佛陀說法中酣睡，被佛陀呵責一番，他才發誓不眠，結果罹患眼疾，以至失明。但他仍然精進修行，心眼漸開，能見天上地下的六道眾生，在佛弟子中以「天眼第一」著稱。

本來，「朽木不可雕，糞土之牆不可杇」是一句重話，用來責罵不用功或愚笨學生也算相當嚴厲，甚至近乎刻薄，出自孔夫子之口，可見孔夫子多麼憤慨。不過，佛陀遇到再懶惰或再愚笨的弟子也不會這樣責備，只會誘勸或警告，甚至用神通等善巧方便來幫助對方開悟。以下兩則《法句譬喻經》的故事可以佐證。

㈠佛在祇園精舍時，告訴徒眾要勤勉修道，除淨色受想行識的障礙。才能真正快樂。

不料，一位比丘每天都在飽食後回房睡覺，放逸懈怠，不觀無常。佛哀憐他七天後，會壽命終結，怕他墮入惡道，便走進房來警告他說：

「怎麼！你還在睡覺？真像一條睡蟲愛躲在不淨的地方，昏迷欲睡。那有人在受傷生病，遭到各種危難時，反而用睡眠來蒙昧自己？你要好好想一想，別再放逸啦！修行人要依軌範行事，這樣才能無所掛礙，且要多反省自在寂滅的真意，多努力學習正知正見，作為世間的明燈，這樣可得千百倍的福報，也才永遠不會墮於惡道！」

這位比丘聽了十分敬畏，之後，佛又告訴他前世的因果，讓他慚愧惶恐之餘，深切自責，同時努力修行，直到有一天證悟阿羅漢果。

㈡有一個頑劣愚蠢的少年比丘，性子粗野，情慾熾盛，不能克制，深感苦惱。一天，他忽然認為切掉生殖器官，才能清淨修道。

於是，他向一位施主借了一把斧頭，準備回房自砍私處。他覺得色慾作祟，才使自己在六道輪迴……當時，佛陀洞悉他愚蠢的想法，便來到他房間，問他拿斧頭要幹什麼？比丘坦率稟告，佛陀聽了開示他說：

「若要求道，應先斷除愚昧的想法，之後才能調伏身心。心是一切善惡的根源，若要切斷私處，不如先降伏此心。只要心定意解，情慾自然消除，然後才能得道。十二因緣正是以愚痴為根本，那是諸苦之源，修行要以智慧為本體。只有斷除妄想疑惑後，心意才能入定。」

比丘聽了深切自責，便開始思惟止觀正定，終於攝心忘情，心定意解，最後也證得羅漢果位。

現代教學，體罰學生是一件相當藝術性的問題，嚴重的打罵早在禁止之列。如果輕微體罰、勸誘和指責失效，那該如何才好呢？無疑是教師們最頭疼的事。說真的，師徒或師生之愛，跟親子之愛可以等價齊觀，都不離「愛之深，責之切」的心態；有時候，父母或師長會忍不住破口大罵，甚至由輕微體罰變質為重大體罰都是可以理解的。

例如《碧巖錄》有一則禪門公案真有意思：

一位上座問臨濟和尚：

「何謂祖師西來意？」

和尚聽了馬上從禪床上跳了下來，打了那位上座一巴掌後，便不再理他。

上座大吃一驚，呆立當場，一旁的僧人對他說：

「為何還不禮拜？」

這時，那位上座才恍然大悟，於是走向和尚禮拜。

像這樣動手打人，與其說是體罰，不如說是指點；因為那位上座在同一佛門弟子中地位極高；修為遠勝其他弟子，差一點兒便可開悟，臨濟和尚有見於此，使用此法助他及早開悟。本來，上座以為師父會用語言說明，不料飛來一巴掌，害他當場發呆，幸好旁邊的弟子提醒他快下拜呀！才讓他恍然大悟；原來禪坐不是靠頭腦思考，而是要用實際行動去體悟！

再談《傳燈錄》一則公案也會讓人捧腹，其實也是勸誘學生的方便之一，且非常有效果，值得現代教師們深思：

一個弟子問首山和尚（九二六～九九三）說：

「臨濟的喝、德山的棒，究竟代表什麼意義？」

首山說：「你姑且喝一聲看看。」

弟子大喝了一聲。

首山和尚搖頭說：「你簡直像一匹劣馬！」

弟子又再喝一聲。

首山和尚說：「劣馬亂叫有什麼用？」

弟子聽了馬上向首山禮拜。首山使用手中木棒將他打了一個正著。

臨濟之喝指臨濟和尚常以聽斥喝開示弟子，被人讚為「呵風罵雨機峰峻烈」。德山之棒指德山和尚不時用棒痛擊弟子，使其開悟。代表他奢放豪邁的禪風……總之，老師的苦心也都能得到徒眾的體諒與感激。

依筆者看，偶爾有限度活用禪門教法有何不可呢？

二三、處變不驚　遇挫不餒

㈠有一次，孔子來到陳國，斷了糧食，跟隨他的徒眾都餓病了，躺在床上。子路內心忿怒地走到孔子面前說：君子也會碰到這種窮困嗎？孔子說：君子遇到窮困潦倒時會堅守本分，但小人遇到窮困，便會亂來不安分。（衛靈公篇）

㈡某年，孔子來到匡這個地方被人圍困，受到驚嚇。弟子顏淵失散，最後才歸隊。（先進篇）

【佛法解說】

俗話說「在家千日好，出門半朝難。」意指出外做事或宣揚理念有多種困難。以前沒有溝通，彼此懷有敵意或歧視的情況下，貿然要對方接受自己的想法，實在困難重重。所以，進入陌生環境先得入境問俗，跟當地打成一片最重要。佛陀當年到各地宏法，也遭遇太多類似的情形。

《根本說一切有部毗奈耶藥事》第十一記載，佛陀某年來到鞞蘭底城，一個出身婆羅門的國王叫做火授，刻意欺侮佛陀，下令全國人民不准供養佛陀和阿難等人，如有違反禁令，會受到嚴厲懲罰。結果害得阿難到處碰壁，得不到食物充飢，情況十分狼狽……。

幸好從外地來的一位客商，可以不必理會國王的禁令，他告訴阿難說：「我也沒有什麼好食物供養，如果你們不介意的話，我可以用馬匹吃的麥子來供養。」

阿難稟告佛陀後，佛陀表示這是自己的業報，樂意承受馬麥，佛陀又吩咐阿難說：

「阿難！你拿籌轉告其他僧眾：『在三個月裏，凡想跟我一塊兒吃馬麥過夏安居的人，就來拔籌好了。』」

結果有四百九十八位僧眾來拔籌，表示願意與佛陀共度夏安居。

……後來，佛陀食用馬麥煮的飯，阿難看了淚水直流，修行圓滿，功德無量的佛世尊，而今淪落到這步田地，吃一般人不屑一顧的馬糧。佛陀目睹阿難流淚，反而說：

「阿難！我的牙縫裏尚有一粒麥飯，你要嚐嚐嗎？」

接著，佛陀從牙縫裏取出一粒留存的麥飯給阿難說：

「阿難！你可曾吃過這樣鮮美的東西嗎？」

「世尊！我雖然出身貴族，可不曾吃過這樣鮮美的東西。」阿難回答。

「阿難！再難吃的東西到口裏都會變成好食物，就是佛的德行。」佛陀說。

佛陀在困境中，仍能逆來順受，不會怨天尤人，知曉這是自己的業報使然，絲毫不埋怨對方刻薄，或想將來要報復。另外，佛陀不執著食物的種類與味道，只要能吃都是鮮美無比，且心存感恩，感謝那個時候，那個境遇和那個外人的馬麥供養，多麼了不起的德行。一般人肯定不能接受這種殘酷的現實，拒絕吃馬麥，寧可餓死在異鄉。

《大藏經》卷九有一段記載：有一次，佛陀來到婆羅門某部落行乞，一無所得，托著空缽回來，在冬至前後八個晚上，寒風破空吹來，迫使佛陀要穿三衣禦寒。不料，身上發高燒，阿難站在佛陀背後使勁搖扇。

佛陀不停到外地宏法，雖然會遇到邪見深入的外道徒眾的誤解與迫害，但仍然不退卻，不會放棄出國，待在精舍裏。相反地，他愈挫愈堅，信心十足宣揚佛法。有一次，他來到某個外道眾多的地方，外道利用女人來陷害佛陀。原來，當時有個美女叫孫陀利，被外道利用，願意藉機到祇園精舍聽聞佛法。有一天，孫陀利在精舍附近被人暗殺，屍體埋在那兒，外道們就謠言說她被佛陀或僧人殺害。後來，真相大白，佛陀被人誤解的情形才得到澄清……。

後來，外道又收買一個名叫申日的長者，要他請佛陀到家中供養，在飯中放置毒藥，再於門中掘挖五丈深的大坑，想讓佛陀死於其中任何一種詭計之下。後來，佛陀逢兇化吉，安然無恙。

總之，許多心胸狹窄和排他性強烈的異教徒到處皆是，他們伺機用卑劣手段來對付佛陀。可知佛陀宏法所遇到的情形，遠比孔夫子周遊列國時更惡劣，因為印度社會的階級對立，觀念與信仰差距很大，彼此的立場壁壘分明，每到陌生地方都要小心謹慎，除了意想不到的挫折，還有生命的危險！

二四、良師失高足也難抑悲嘆

㈠、魯哀公問孔子：你的學生裏那一個最好學？孔子說：有一個叫顏回的非常好學，他從來不將內心的憤怒發洩到別人身上，也不會犯同樣過錯，但不幸短命死了。現在再沒有聽到有好學的人啊。（雍也篇）

㈡、有一次，季康子問孔子：你的學生裏那個最好學呢？孔子說：有一個名叫顏回的最好學，他不幸短命而死，現在沒有好學的人了。（先進篇）

㈢、顏淵（顏回）死了，孔子悲嘆：唉！天要亡我，天要亡我。（先進篇）

㈣、顏回死後，孔子去吊喪，哭得很傷心，隨從的人說：老師太過悲傷了！孔子說：真的太悲傷嗎？我不悲傷他，還要悲傷誰呢？（先進

篇）

【佛法解說】

若得天下英才而教之，無疑是老師最大的快樂。像孔子，佛陀這樣偉大的教育家，平時徒眾很多，不論從那方面看，他們的資質、態度、性向、優點和缺點等都不一樣。就總的來說，最優秀者當然最能得到師長的喜愛。顏回是孔子的得意弟子，不幸早死，害得老夫子傷慟極了，也許顏回死後，讓孔子看不開，一直抑鬱寡歡也說不定；果真如此，那就表示他缺少人生解脫的智慧。也證明他的學問再淵博，或仁心仁術高人一等，也終究無法領悟生死無常，成住壞空的道理，不禁讓人扼腕！

反觀佛陀就不一樣，自從他在菩提樹下證悟以後，先到鹿野苑度化五位比丘，叫做初轉法輪。接著，皈依徒眾愈來愈多，包括男女老幼，各種職業身分和不同階級，有些經常跟隨佛陀身邊，聆聽教法，其中最出色的十大弟子，有兩位更是出乎其類，拔乎其萃，也是佛教徒耳熟能詳的舍利弗和目犍連；舍利弗稱「智慧第一」、目犍連稱「神通第一」。他們深獲佛陀的喜愛，不在話下。根據《大智度論》當初他們率領二百五十名弟子一起到竹林精舍拜訪釋尊，釋尊遠遠看見他們走來，就忍不住告訴旁邊的徒眾說：

「你們看舍利弗、目犍連正率領一大群婆羅門修行人前來，將來在我的門徒裏，舍利佛會成就智慧第一、目犍連會成為神通第一的弟子。」

原來，對這兩位將會投在自己門下的弟子，釋尊早已知道他們的特質與根性非比尋常，猶如了解多年的知己朋友一樣。果然，兩人迅速證得羅漢果位，從此也成了釋尊的左右手，對教團的發展貢獻很大。

不料，釋尊快八十歲的時候，舍利弗和目犍連相繼去世，讓他感到十分落寞。

本來，舍利弗的年歲跟釋尊差不太多，也快八十歲了。有一年生了病，便回到王舍城的伽羅臂拏伽村療養。不久去世了，他的侍者均手捧著舍利弗的遺物來到釋尊的住處。阿難聞後放聲大哭，因為師兄弟情同手足，共修共勉，互有成就。釋尊驟然獲悉此事，內心的悲愴可想而知，但他強忍著悲慟，安慰阿難說：

「阿難！你不要這樣傷心。無常的東西，怎能永遠保持呢？有生必有死，是自然法則。過去諸佛不是全都不在了嗎？這彷佛燈火用盡，火就自然熄滅一樣，你不必哭了。以現世來說，佛、辟支佛或所有明聖賢君都不能保住肉體，世上沒有一件東西是常住的，就像水泡一樣。」

釋尊將舍利弗的舍利，向在場群眾展示說：

「這是舍利弗的舍利，他的資質聰慧，志大才高，個性溫和，不喜爭辯，經常到幽靜處專心修行，實在是很優秀的修行人。」

再說舍利弗的好友目犍連知道舍利佛入滅了，便向釋尊說：「我也要離開佛去滅度才對。」

釋尊怎麼也不肯，但經不起他再三央求，只好默默不語。不久目犍連回到家鄉入滅了。

釋尊獲悉後，對其他徒眾說：

「在我的門徒中，無人比得上舍利弗和目犍連。他們為了擴大教團，貢獻畢生心力。現在失去他們，無疑失去兩雙好助手，使我很難過。」

有一次，舉行布薩儀式時，釋尊在月光下環視周遭眾多比丘，不見舍利弗和目犍連，不禁嘆說：

「自從舍利弗和目犍連入滅後，這個集會對我來說，真是空虛。不見他們的面孔，讓我很寂寞哩！」

人類有七情六慾，碰到心愛的人突然死了，難免悲從中來，不能自抑，釋尊也不例外。不過，他會很快清醒，悟解人生無常的智慧，同時藉此因緣開示徒眾：

「要以自己為洲，依靠自己，切勿依靠他人；以法為洲，依靠法，切勿依靠其他。」

而這正是釋尊所以能跳出紅塵，究竟解脫之處。

二五、抑制六根的重要

有一次，顏淵請教實行仁德的方法。孔子說：克制自己的慾望，讓言語行動恢復到禮上面，這便是行仁德的方法。倘若有一天你能做到這樣，那麼，普天下的人都會稱讚你是個行仁義的人。實行仁德全在自己去努力，難道要從別人身上下工夫嗎？

顏淵說：請問實行的條目如何？孔子說：凡是不合禮的事不要看、不合禮的話不要聽、不合理的話不要說、不合理的事不要做。顏淵說：我顏回雖然魯鈍，也願依照這些話全力以赴。（顏淵篇）

【佛法解說】

孔夫子謂仁德的實踐項目有四點，即非禮勿視、非禮勿聽、非禮勿言和非禮勿動。用禮節來抑制自己的四根——眼、耳、舌、身，而這正是人體及其聽覺、視覺和說話等器官。佛陀也提到這些人體器官的重要，所謂「五窗一猿」，即眼、耳、鼻、舌、身五種感覺器官加上心意識。這些主宰人的一切活動，重要性非同小可。所以，佛陀再三強調五根和心意識的調伏秘訣。

眼、耳、鼻、舌、身等五根，係物質上存在的色法，叫色根，而心意為無色根，它是心所依皈。五根面對色、聲、香、味、觸等五種境界，係由單純的感覺作用來攀緣外境，沒有認識與分別對境的作用；但是，無色根的心意識有認識、分別現象界所有事物的作用。總之，心意是依據五根五識，才能起分別作用。

佛陀強調六根清淨，修持六根等於修行生活的起點。

《法句譬喻經》有一段經文可以讓人得到啟發：人們若貪圖六根的欲念，外魔會趁機破壞人身，摧毀精神，使我們陷入生死的迷界，永遠在輪迴。經文的大意是：

一個月明星稀夜晚，河裏爬出來一隻烏龜，剛好有隻飢餓的水狗在附近，一眼瞧見烏龜，心中暗喜，馬上想吞食牠。烏龜發覺情況危急，吃驚之下，頭尾四肢迅速縮進龜甲裏。水狗只能焦急地用鼻孔嗅一嗅眼前的佳餚。牠左思右想無計可施，只好失望地離去。片刻後，烏龜才安心地伸出頭腳，安然地逃過一場危難。

《首楞嚴經》卷四記載：眾生的六根和六境相識，會妄成諸相，而六根的優劣各不相同。詳情敘述於下：(1)眼睛只能見前面，左右三方，共成八百件功德。⑵耳朵能周聽十方，隨彼聲之動處，雖有遠近之別，如果耳朵靜聽，則十方無遺，故耳根能圓滿一千二百件功德。⑶鼻孔能嗅聞，通出入息時能取香、聞香，此外別無功能。故它僅有八百件功德。⑷舌頭能宣揚世間、出世間一切諸法，言說雖然限量，其理則無窮，故舌根有一千二百件功德。⑸身體能覺觸，知悉逆順苦樂之境，它與物體接觸便有知覺，一旦分開便無知覺，故身根只有八百件功德。⑹意根靜默，可以包容一切世間法、出世間法，故它有一千二百件功德。

孔夫子用禮節來調伏眼、耳、舌、身四根，並藉此控制人的欲望，算是精闢之見，但不如佛陀的六根清淨法來得徹底和周延。禮節對人的控制力與震撼力，遠不如自己真正領悟六根修持對生命的重要；只要悟解六根放蕩、不加控制時，自己的心意極易沈溺在眼、耳、鼻、舌、身等五個窗口常進來的訊息裏，結果會叫苦不迭，縱使想盡力實行仁德，成效也會大打折扣。

控制六根的欲望即是修心養性，規範生活最基本的步驟，早已不是宗教的修行項目，而是純粹的生活法則，其間沒有什麼神秘可言，是很理性、很符合常情的方法。每個人都經過眼、耳、鼻、意等器官給自己帶來無窮盡的麻煩，有人說那是眾生天賦的資產，也有人說是上天折磨眾生的道具，但從學佛的立場說，六根調馭是最起碼的認知，和最起碼的修持。近代高僧廣欽老和尚對「照顧六根門」有精彩開示：

㈠**眼門**

1. 看到別人的缺點不能起分別心，應先觀察自己，人皆有佛性。
2. 不要光看別人的過錯，要常看自己有無過失，才不會與道相違。
3. 凡事不要太著相。相貌好，起歡喜心；相貌不好，也勿起煩惱。

㈡**耳門**

1. 修行要自在，不要在乎別人的評語。說你好或你壞，這不是別人不對，而是你自己不能安定。
2. 人家在講我們，修就是修這些。
3. 修到有正念、清楚時，耳朵聽好音、壞音就會感覺到。不聽好音，把壞音拿來修。

㈢口門

1.說話要精簡，不必要的話勿多說。

2.佛教中最怕是非，說是非的人就是是非人，造口業。修行就是這樣修出來的，否則也是三餐。

3.不要說別人不對，一說出來即是自己不對了，這個「口門」很重要。

4.不要兩三人交耳私語、結黨、背後論人的是非等，否則易令大家不安，犯戒鬧眾。

5.修行要重視口業，口好心就好，不要說「我雖然口不好，心是好的。」論人是非者，就是是非人。

㈣意門

1.起了諸惡念時，不執著，拍拍自己說：「你不要這樣子！」不可用處罰方式，這樣無用，也會傷害自己。

2.從行、住、坐、臥去悟，去體會這些佛道，才不會虛度光陰。光陰很快過去，去體會，壞念頭才不會跑進來。否則無正念。口不說，心在想，不要想那些有色相，要想這些無色相的。

3.心若學會了師父的德行，到別處亦可安定。

4.我們這個假體難免有病，但那是小病，有妄想、貪瞋、愚痴，才真是大病。為了保持臨終的正念，平時要多服「阿彌佛陀」的藥，否則，死將何去何從？

二六、天乎命乎，業報使然

㈠、伯牛患疾時，孔子去探訪他。從窗外握住他的手說：唉！如果你病死，真是天命呀！這樣的大好人怎會生這樣的病呢？這樣的大好人怎會生這樣的病呢？（雍也篇）

㈡、孔子說：……五十而知天命……。（為政篇）

㈢、孔子說：道如能行於世間，這是天意，道如不能行於世間，這也是天意。公伯寮又能對天意如何呢？（憲問篇）

㈣、孔子說：不知天命，就不能做君子了……。（堯曰篇）

【佛法解說】

佛法講因緣果，生病有生病的因緣，健康有健康的因緣，死亡也有死亡的因緣，根本沒有天命這回事，只有因、緣、果等現象。顯然，一個人生病是結果，那麼，有果就必有其因與緣。

放眼人間，有些人一出生就有某種病或殘障，俗話說先天性疾病；若論它的因緣，就是胎內引起的，有些人生下來，因教養期間不小心而生病，或因父母，或因自己造成病患；還有成長之後，由於沒有衛生常識，加上不良嗜好也會引起疾病。總之，患病的因與緣除了少部分先天性以外，其餘全是後天的人為與環境條件引起，故不能說是命運。

佛教有宿業之說，沒有命運之詞。宿即是過去，而業可分身業（身體的行為）、口業（言語）、意業（內心所想之事）三種，係由過去所作之種種因，而導致現在所得之種種果，此種因與果相互之連鎖（因緣），就叫做「業」。每個人由過去到現在，乃至於未來，皆受一股極大之力量支配。個人之業，隨此一股力量在流轉，而沒有抵抗的餘地。有時個人的業雖小，也可能被逼迫而陷入較大的業流中。

乍聽下，這種說法類似命運，其實也有差別，只要個人有強烈的意志，也可憑這股意志帶動自己的業流，因此而得到轉機，順便跳出業的果報。總之，佛教認定人類有非常難得的自由意志，絕不是樣樣都受制於業力，所以不是命運主義，而這跟孔子大喊「命也」有天淵之別。

佛教徒耳熟能詳《了凡四訓》便是最好的例證。雖然，該書作者袁了凡不是佛教徒，也未必懂得佛法，但是，他一生的曲折經過完全能夠詮釋佛教的命運觀。在此，恕我長話短說，概述一下此書的大意：

袁了凡年輕時在慈雲寺邂逅一位孔姓老人，他能推算人一生的窮通、禍福，不論大小事都算得極為靈驗。袁了凡以自己的經歷來印證毫無例外。這一來，就讓他相信他在仕途的昇遷和貶抑，甚至活不過五十三歲，且無子嗣都是命中註定，故使他對一切都看淡了，凡事聽天由命，不去追求。有一次，他在棲霞山遇到雲谷禪師，談到自己的人生觀時，被禪師譏笑：「你原來是一個庸碌之輩。」之後，禪師開示他一段精彩的話：「雖說人有一定的氣數，但是，只有平凡人才會被它束縛。若是一個極善的人，氣數就綁不住他。因為極善的人即使原來的氣數裏註定要吃苦，但若他做了極大的善事，那麼，這股大善事的力量浩瀚無比，可把苦變成樂；讓貧賤短命變成富貴長壽。反之，定數也綁不住極惡的人，儘管定數裏註定他可以享福，倘若他幹了無法無天的大壞事，那麼，壞事的力量也巨大極了，結果可使福變成禍，讓富貴長壽變成貧賤短命。看你近二十年來，都被孔先生算定了，不曾把定數轉動分毫，反而被綁得動彈不得，難道不是庸碌之輩嗎？」

接著又說：「盡你的力量多做善事，多積陰德，就是造福；造福自然有好報應，旁人不能奪走你的，那裏有自己不能受這種好報應，享這種大福的道理呢？這是說福禍都是自己求的，要禍就自己求禍，要福就自己求福，一切全在自己……。」

袁了凡轉而相信禪師的話，且發誓做三千件善事。後來他完成三千件大小善事，終於改變了宿命（**孔老人推算的**）得到福報，不但有子嗣，且享得高壽。

說真的，人的命運不外因緣果報，沒有任何神秘可言，佛教主張三世因果，輪迴報應，尤其釐清與肯定俗說的天命絕對不正確，也不值得採信。但願學佛的人格外注意，不要人云亦云，不辨真假。

那年，星雲大師在台北對徒眾演講「佛教命運觀」，讓廣大徒眾聽得如醉如癡，非常受用。大師開示四點值得轉述於下：

㈠佛教認為命運不是定型的，而是可以改變的……佛教主張諸法因緣生，空無自性，故命運也是因緣生法，沒有自性。壞的命運可藉各種善因善緣加以改變。例如行慈悲、培福德、修懺悔；反之，好命不知維護，妄作惡事，也會失卻墮落，要特別謹慎。

㈡佛教重視宿命，但它更重視未來命運……因為過去宿業已經這樣，即使再懊悔也無濟於事，但現在與未來命運卻可由自己做主。例如改性、換心、回頭、轉身等功夫，便能脫胎換骨，前程無量。

㈢佛教不鼓勵人聽天由命，希望人開創命運……上天沒有能力把我們變成聖賢，亦不能使我們成為販夫走卒，人生的境遇不是命定或不變，全憑自己做主。

㈣佛教不只希望人樂天知命，更盼望人洗心革命……佛教主張順應天命之外，更進一步洗心革命。理想的革命不是向外，而是對自己內心的慾望進行一場調伏，惟有勇於革新自己的人，才有光明的人生。

記憶裏，筆者大學時代的鄰居吳老伯夫婦是標準的鄉下農夫，膝下三個讀小學的兒子，個個年齡相差兩歲，都長得聰明健壯；依鄉下人看來，日後不難成就田裏的耕作好手，可以接替那副全身被日光曬得像年糕一樣棕紅色的吳老伯。誰知三個兒子小學畢業時，紛紛向父母吐露自己的志願，大兒子想將來當小學教師，不願離開父母身邊，仍想住在這棟紅磚建築的老家；次子想當醫生，也不打算遠走高飛，永遠服務出生地區的鄉親；三子的志願大異其趣，他不但想出國留學，還想留在異國當大學教授。總之，沒有一個兒子願意繼承父業，做最忠誠，也最勤勞的農夫。

吳老伯每次聽到兒子們的心聲，總以為孩子們天真夢想，既不做評語，也不堅決反對，一味微笑地問：「你能做到嗎？」原來，當年鄉下人的觀念裏，自己一個大字不識，從早到晚在田裏玩「泥巴」，這種家庭怎麼可能生出讓人想都不敢想的大人物呢？雖說政府已經實行「耕者有其田」和「農地放領」的開明政策，農民生計稍微改善，但工商政策尚未萌芽，都沒有大工廠，資金不充裕、家家戶戶也只能溫飽；農夫們照樣不分冬夏，在田裏做得半死……

光陰迅速、日月如梭，吳老伯三個聰明的兒子在鄉下國小畢業，全都以優秀成績得到新竹縣長獎，之後由中學、高中到大學畢業；前後大約二十年間，大兒子和二次子都先後如願回家鄉當了小學老師、和婦產科醫生。吳老伯夫婦也輪流住在兩個次子家裏，晨昏得到照料。第三個兒子尚在美國加州大學攻讀物理博士學位，看來想在美國大學當教授的夢想就要成真了。

這個故事，顯然是吳老伯三個兒子反叛註定當農夫的宿命，結果卻出人意外，完全靠自己努力創造出新的命運，而這就是佛教的命運詮釋。

武訓承受貧苦的宿命，卻能靠自己努力而成為中國歷史上最傑出的平民教育家；孫中山先生原來是個優秀的醫師，結果因緣際會，反而成了中國歷史上最偉大的革命家之一。如果套句老話，他們既是時勢造英雄，也是英雄造時勢；既能接受善因善緣，也能得到善果善報，真正是領悟佛教智慧的善知識，和佛教命運觀的大菩薩。

二七、說話態度與為人師表

㈠、孔子的態度溫和而嚴肅；有威嚴而不兇猛；恭敬而又安詳。（述而篇）

㈡、孔子在家鄉時，態度恭敬溫和，好像不會講話的樣子。若在祖先的廟堂或朝廷說話時，都切中肯綮，只是態度謹慎。（鄉黨篇）

㈢、孔子在朝廷跟下大夫談話時，態度溫和愉快；若跟上大夫談話，表現中正適度的樣子。國君臨朝時，也呈現恭敬的樣子，威儀適

度。（鄉黨篇）

㈣、孔子進朝廷大門時，現出極恭敬謹慎的樣子，彷彿自己沒有容身之地似的。不站在門中間，不踩在門檻上。經過國君的坐位時，面色莊敬，步伐加快，說話好像說不出來。捉起衣服下襬，向堂上走，斂身屏氣好像不呼吸似的。出堂下台階一級，顏色便舒緩些。顯得和悅自在。下完台階，便快步走，像鳥兒舒展翅膀一般。回到自己的原位，又保持恭敬的樣子。（鄉黨篇）

【佛法解說】

不知是古人的經驗所得，還是文人純粹在舞文弄墨，想出許多形容人物的絕妙好詞，例如一副兇相、滿臉橫肉、慈眉善目、龍行虎步、談吐優雅……可以看這個人的修養、品行和做人底細。有時候，憑對方的舉手投足、態度表情和說話狀況，也多少能判斷他的背景、職業和格調……。依筆者想，這或許是大家都有的處世經驗，不足為奇吧!?

因為孔夫子是一位教育家，每天傳道、授業、解惑，所以，他的態度、表情和說話語氣應該可想而知，何況，古代人不像現代人言行不一致還不以為恥，孔夫子溫良恭儉，心存仁義，自己又身為師長，當然不會只要求學生做而自己不實踐。

釋尊在修苦行時，曾經練到每天只吃一粒米或一顆豆；吃一粒芝麻或飲一杯水，甚至斷食十日。結果，鐵打的漢子也吃不消，面色憔悴，逐漸枯乾，形似槁木；肋骨突現，靜脈浮起，眼睛凹入，毛髮散亂，看來簡直不像個人。

之後離開苦行林，慢慢恢復正常飲食，身體才逐漸康復，試想苦行時代的釋尊還有什麼威嚴和安詳的態度可言？恐怕連說話也有氣無力了。

成道後初轉法輪，當他走到鹿野苑要度化五位比丘時，對於目睹佛陀「容光煥發，氣宇非凡，態度安詳，威儀嚴肅，五人不自覺一齊起立，恭敬地向佛頂禮」，這段話是每本《佛陀傳》幾乎都少不了的描寫，可見佛陀內心的德行表現到相外，才使他們忍不住敬仰讚嘆。

佛經上說「佛陀有三十二好相」，意指如來有容貌好相十二種、手足好相十種、身體好相十種。其實，佛相即是佛德的表現，三十二相表示佛陀的德行無量無邊。由此反證，一般缺德的人，肯定不會有福相或德相……。

那麼，佛陀的三十二好相是什麼呢？依據《佛光大辭典》簡述於下，供大家參考：

三十二相是佛的應化身所具足之三十二種殊勝容貌和微妙形相，簡稱大士相或大丈夫相。與八十種好（微細隱密者）合稱「相好」。依《大智度論》卷四記載：

㈠**足下安平立相**——兩足掌下皆悉平滿相。係因佛行菩薩道，行六波羅蜜所感得之妙相；表示引導利益之德。

㈡**足下二輪相**——足心現一千輻輪寶之肉紋相。此相能摧伏怨敵、惡魔；表示照破愚痴與無明之德。

㈢**長指相**——兩手足皆纖長端直之相。係由恭敬禮拜諸師長，破除憍慢心所感得之相；表示壽命長遠，令眾生愛樂皈依之德。

㈣**足跟廣平相**——足踵圓滿廣平，係由持戒、聞法，勤修行業而得之相；表示化益盡未來際一切眾生之德。

㈤**手足指縵網相**——手足一一指開，皆有緩網交互之紋樣。此相由修四攝法、攝持眾生而生。能出沒自在無礙；表示離煩惱惡業，至無為彼岸之德。

㈥**手足極柔軟相**——手足極柔軟，如細劫波之相。係由妙食、衣具供養師長或於父母師長病時，親手為他們拭洗等奉事供養而感得之德；表示佛以慈悲柔軟的手攝取親疏之德。

㈦**足趺高滿相**——足背高起高圓滿之相，係佛於因位修福，勇猛精進感得之相；表示利益眾生，大悲無上之內德。

㈧**伊泥延相**——股骨如鹿王之纖圓，係以前專心聞法，演說所感得之相；表示一切罪障消滅之德。

㈨**正立手摩膝相**——立正時兩手垂下，長可越膝。係由離我慢、好施、不貪著所感得；表示降伏一切惡魔，哀愍摩頂眾生之德。

㈩**陰藏相**——男根密隱於體內如馬陰之相。此係由斷除邪淫，救護怖畏之眾生等而感得；表示壽命長遠，得多弟子之德。

㈩**身廣長等相**——佛身縱廣左右上下，其量全等，周邊圓滿。此係常勸眾生行三昧，作無畏施而感此妙相；表示無上法王尊貴自在之德。

㈪**毛上向相**——佛一切髮毛，由頭到腳皆右旋，其色紺青、柔潤。係由行一切善法而有，能令瞻仰之眾生，心生歡喜和獲益無量。

㈫**一一孔一毛生相**——一孔各生一毛，甚毛青璃色，每個毛孔皆出微妙香氣。係由尊重、供養一切有情，教人不倦，親近智者，所感之妙相，蒙其光者，悉能滅二十劫罪障。

㈬**金色相**——佛身及手足皆為真金色，如眾寶莊嚴之妙金台。係以離諸忿恚，慈眼看眾生而感得。此德相能令眾生厭捨愛樂，滅罪生善。

㈭**大光相**——佛之身光普照三千世界，四面各有一丈。係以發菩提心，修無量行願而有，能除惑破障，表示一切本願皆能滿足之德。

㈮**細薄皮相**——皮膚細薄、潤澤、塵垢之染。係以清淨的衣具、房舍、樓閣等施予眾生，遠離惡人，親近智者所感得之相。表示佛之平等無垢，以大慈悲化益眾生之德。

㈦**七處隆滿相**——兩手足下、兩肩、頸項等七處肉皆隆滿、柔軟，係由捨已心愛之物施予眾生所感得，表示一切眾生得以滅罪生善之德。

㈧**兩腋下隆滿相**——兩腋下之骨肉圓滿不虛，係佛予眾生醫藥、飯食，又自能看病所感之妙德。

㈨**上身如獅子相**——上半身廣大，行住臥感威容端莊，如同獅子王。係在無量世界中，不曾兩舌、教人善法、行仁和、遠離我慢而感得此相。表示威容高貴與慈悲滿足之德。

㈩**大直身相**——一切人中、以佛身最大又直。係因施藥看病、持守殺盜戒、遠離憍慢所感，能令見聞之眾生止苦，得正念、修十善行。

㈡**肩圓好相**——兩肩圓滿豐腴，殊勝微妙之相。係由造像修塔、施無畏所感得；表示滅惑除業等無量功德。

㈢**四十齒相**——具有四十齒，一一齊等，平滿如白雪。係由遠離兩舌、惡口、恚心，修習平等慈悲而感得，常出清境妙香；能制止眾生之惡口業、滅無量罪、受無量樂。

㈢**齒齊相**——諸齒皆不粗不細，各齒間密。係以十喜法化益眾生，又稱揚他人功德所感得之相；表示清淨和順，同心眷屬之德。

㈣**牙白相**——四十齒外，上下亦各有二齒，色白光潔，銳利堅固。係因思惟善法，修慈而感得此相。它能摧破一切眾生強烈之三毒。

㈤**獅子頰相**——兩頰隆滿如獅子頰。見此相者，得除滅百劫生死之罪，面見諸佛。

㈥**味中得上味相**——佛口常得諸味中之最上味。係因見眾生如一子，又以諸善法迴向菩提感得之相；表示佛之妙法能滿足眾生志願之德。

㈦**大舌相**——舌頭廣長薄軟，伸展可覆到髮際，係因發弘誓心，以大悲行迴向法界而感之相；觀此相，可滅百億八萬四千劫生死罪。

㈧**梵聲相**——佛清淨之梵音，洪聲圓滿，如天鼓響。係由說實語、美語，制守一切惡言所得之相。聞者隨其跟器可得益生善……。

㈨**真青眼相**——佛眼紺青，如青蓮花。係因生生世世以慈心慈眼及歡喜心，施予乞者所感得之相。

㈢**牛眼睫相**——睫毛整者不雜亂，係因觀一切眾生如父母，以思一子之心憐愍愛護而感得。

㈢**預髻相**——頂上有肉，隆起如髻形之相。係因教人受持十善法，自亦受持而感得之相。

㈢**白毛相**——兩眉之間有白毫，柔軟如兜羅綿，長一丈五尺，右旋而捲收，常放光。因見眾生修三學而稱揚讚歎，才感此妙相。

除了德行以外，身心健康、生活狀況及養生之術好壞，也影響到一個人的舉止投足和臉相表情。佛陀的身心、儀表和修行都是第一流，才會吸引無數的人跟隨他；否則，讓人望而生畏，或敬而遠之，都不可能呈現寧靜、莊嚴、愉快的相貌引人注目。

有些佛教大德對於佛陀的身心儀容描寫得十分生動，例如下面兩偈最令人動容，請佛友們一齊讚賞：

佛面猶如淨滿月，亦如千日放光明；
圓光普照於十方，喜捨慈悲皆具足。

佛身清淨似琉璃，佛面猶如滿月輝；
佛在世間常救苦，佛心無處不慈悲。

二八、禮多人不怪

㈠、孔子說：人若無仁心，即使有禮，又怎能算真正的禮呢……一般的祭祀，應該儉樸，不宜奢侈，至於喪禮，與其看重外表的鋪張，寧可表示內心的哀傷……（八佾篇）

㈡、孔子說：我若不能親自參加祭祀，雖然有人代祭，我也好像未曾祭祀一樣。（八佾篇）

㈢、孔子說：周代的禮制，是依據夏商兩代的內容，加以修訂補充的，它的禮樂文物美麗豐富，所以，我主張遵照周代的禮樂制度。（八佾篇）

㈣、孔子說：凡事謹慎，不明白就要問，才是禮的表現。（八佾篇）

㈤、孔子說：在射禮時比賽射箭技術，只看他有沒有命中目標，由於每個人的膂力不同，不一定要貫穿箭靶的皮革，這就是古代射禮的精髓。（八佾篇）

㈥、子貢想把每月舉行告朔禮所奉供的餼羊免除，孔子說：賜呀！你是愛那隻羊，我卻愛惜那種禮制。（八佾篇）

㈦、孔子說：服事君主得按臣子的禮制表現，但世人往往說是拍馬屁。（八佾篇）

【佛法解說】

孔子主張禮制很周密，且有恢復周禮的意願，不但君臣、父子或師生之間要遵行禮制，也在日常生活和做人處世要表現禮的風度，可說非常周延和徹底，彷彿佛法要落實於行住坐臥一樣，不止於某特定節日，或針對某個人物，在某特定地點而已。

佛教也有禮儀，但不同於孔子所說的禮，且範圍與內涵也都大異其趣。當然佛教的禮法是對佛、菩薩、尊者、長者和佛塔等表達敬意，但都不離印度的禮法。

依《大唐西域記》卷二記載，印度禮法有九種：㈠發言慰問、㈡俯首示敬、㈢舉手高揖、㈣合掌平拱、㈤屈膝、㈥長跪、㈦手膝踞地、㈧五輪俱屈、㈨五體投地。依次顯示自輕至重的禮法。

其中，五體投地為各種禮法中表達最高敬意之禮儀。五體指雙手、雙膝和頭頂。行禮之法是先以右膝著地，之後下左膝，接著兩肘著地，雙掌舒展過額，復頭頂著地，良久一拜。除了實際的投地禮以外，通常均用這句話表示極度敬重之意。

凡禮敬三寶，都要五體投地，藉此折伏自己的憍慢心，並表示虔誠。行五體投地禮有五種含義：

⑴行禮者在右膝著地時，願使眾生得正覺道。

⑵行禮者於左膝著地時，願使眾生於外道法不起邪見，全部能安定於正覺道中。

⑶行禮者在右手著地時，願如世尊坐於金剛座上，大地震動，呈現瑞

相，證入大菩提。

(4)行禮者在左手著地時，願使眾生遠離外道，以四攝法攝取難調伏者，令其入於正道。

(5)行禮者在頭頂著地時，願使眾生離憍慢心，悉成就無見頂相。

如以身體最上部之頭觸及受禮者最下部之足，叫做接足作禮，頭面禮足，頂禮雙足，接足頂禮，稽首禮足，或簡稱頂禮、禮足。如果禮拜對象為佛，特別稱為「佛足頂禮」。意謂我所高者為頂，彼所卑者為足；以我之所高尊敬彼之所卑者，表示禮的極致，例如《摩訶僧祇律》說：「往詣佛所，頭面禮足。」

此外，將佛像或經典戴於頭上禮敬的情形，叫做頂戴、頂受，與頂禮同樣表示尊敬之極，因為五體中以頭為最尊貴所使然。

在印度，佛教徒對佛及塔，必須先行一禮，之後依右轉方向繞巡禮拜，稱為繞佛（或叫行道）、右繞、旋右或繞一周，或繞三周，後者稱右繞三匝。手亦是禮法之一，印度叫做金剛合掌。即兩手合掌，左右兩手指頭相互交叉。在中國，禪僧間所作之叉手禮，係以左手握抓右手，又叫拱手。

還有禪林間行敷展坐具禮拜者，叫做展拜。完全展開坐具三拜者，叫大愛三拜；同法行九拜者，叫大展九拜。僧眾齊展三拜，叫同展三拜。禮拜在印度僅行一拜，我國一般則行三拜，甚至九拜、十八拜、百拜。

又有對長上表示敬意而行問訊禮，叫歸禮，這有身、口、意三種，即：⑴身行頭面作禮、⑵口稍「和南」、⑶心存恭敬。

派遣他人代替自己去禮拜時，先自行禮拜（即傳拜），這叫代禮。禮拜指合掌叩頭表示恭敬。那是以身體動作（身業）來表示尊敬；而與口業之讀誦、稱名、讚嘆以及意業之觀察，並稱為對佛之五正行。就廣義來說，禮拜對象不限於佛，對塔、長者、和尚等都應該禮拜，表達恭敬之意。例如《梵網經》說：「若見上座、和尚、阿闍梨、大同學、同見、同行之人，皆應承迎禮拜問訊。」《五分律》說：「比丘尼先受具足戒者，雖已百歲，猶應禮拜新受大戒之比丘。」佛曾勅教弟子，凡是三寶及「大已比丘」皆應禮拜。

但在某些時刻也不宜作禮，例如大行、小行、裸身、剃髮、說法、嚼楊枝、洗口、飲、食、噉果等時刻。有些經典記載以下五事不宜作禮：⑴讀經時不得向上座作禮。⑵上座在下處，自在高處時。⑶上座在前，若已去後。⑷不得自座位上。⑸著帽之時不得對佛作禮。

在動物界，恐怕只有人類社會有禮法或禮制，尤其在文明社會更流行。反觀野蠻社會只有弱肉強食，毫無禮制可言。所以，禮制是文明的象徵，大家應遵守的規範。

法律是強制性，而禮節是自動自發、出自內心，但兩者都是文明社會不可缺少的。大體上說，有法制的國家，人民也比較落實禮節，反之，既無法制，亦無禮制，就跟野蠻部落差不多了。現今國人的情形如何呢？實在有太多地方要檢討和改進。

放眼二十一世紀，所謂先進國家者，不單指國民所得、土地與人口的多少，勿寧說，要看法制禮制方面誰較完善。禮節不論任何時間、地點和對象，都要落實，大眾要循規蹈矩、和睦相處；切勿動不動打人、粗話、魯莽。都不是現代人的風範，而是野蠻人的表現，完全違反禮制。

二九、訴訟是善巧　終非最究竟

孔子說：聽訟斷案，我跟別人一樣；務必要使民間不起爭訟、無實情的人，不敢用撒謊來控告別人，使人民的心志，為君子的明德所感召而大加畏服，叫做知曉根本。（大學）

孔子說：用政治法令來領導百姓，靠刑罰來整頓他們。只能使大家免於用刑罰而已，根本沒有羞恥心。倘以道德來教誡他們，用禮來規範，使大家一致，那麼，百姓不僅有羞恥心，也能跟隨在位者到達善境。（為政篇）

孔子說：審判案件，我也跟他人一樣，但最好能讓百姓不起訴訟。（顏淵篇）

【佛法解說】

孔子主張用道德來徹底教誨百姓知恥，可免訴訟，讓各種刑罰消滅於無形，或備而不用……。

佛教主張法律或刑罰也是善巧方便，而不是目的，旨在讓被罰的人得救，改過向善。

《根本說一切有部毗奈耶藥事》十五有一則內容如下：

釋尊住在祇園精舍時，哈拉尼西城外，有一位仁慈仙人，頗能體恤眾生的苦惱。

仙人住處附近有兩個農夫，有一次，他們為了田地的事發生糾紛，以致大打出手，惡言相罵。他們去找仙人要求給自己做見證，好到國王那裏提出控訴。來到國王面前，國王問：

「你們在爭吵時有見證人嗎？」

農夫立刻請仙人來，國王問仙人：

「他們的爭吵到底是誰先引起？」

「大王啊，你若要用轉輪聖王法來解決這場爭端，我才會做證，否則免談啦！」仙人說。

國王說：「我會用轉輪聖王法來解決。」

仙人說：「好！因為甲對乙滿懷憎恨，而乙也對甲心存怨怒，結果甲才動手打他，而對方也還手打了起來。」

「既然這樣，兩人都要處罰。」國王說。

「大王，不是說過了嗎？要用轉輪聖王法來處理這場爭端。」仙人說。

「到底轉輪聖王怎樣裁判呢？」國王問：

「那就是撇開無益的事，讓它轉向有益方面。」

國王一聽便對兩個農夫說：

「你們回去好好作農，別再爭吵來找我。」

他們回去後果然不再爭吵，努力做農務了。

說得明白些，兩個農夫因為農田結鄰而相識，真是有緣，理應珍惜，和睦相處。再說互相懷恨也永遠解決不了問題，只有讓雙方痛苦，真是愚痴。所謂「冤家宜解不宜結」，雙方經常要在田裏見面，逃也逃不掉，與其怨恨相對，無休止地惡言相向，不如握手言和，各讓一步。佛陀再三強調說：

「他人罵我、打我、擊敗我、掠奪我，而懷著怨恨心，那股怨恨是息不掉的，只有心裏不懷怨恨，才自然會息怨恨。在這世界上，決不能以怨恨止息怨恨，只有靠無怨恨才能平息，而這是永恆的真理呀！」

這句話出自《法句經》（三、四、五）它點破官司解決不了根本煩惱，只能表面相安無事，除非完全信受這句佛陀教誨。

凡夫有無數糾紛與爭執會打官司，包括鄰居、親戚、朋友，甚至親兄弟和姊妹為遺產、為利益而不顧一切，也到法庭爭論，結果必定有勝訴敗訴，或和解，此後是否能真正心平氣和，恢復昔日感情實在很難說。

當年的僧團也有糾紛和爭吵，這就依據戒律中規定的「七滅諍法」。那就是在比丘們集會時，被控訴之比丘，會依照規定的羯磨法，提出來共同討論，再達成協議。

現代高僧演培法師有一段生動的話，正好是這方面的說明。

佛成道後第九年，佛及徒眾住在拘睒彌城外的瞿師羅園過夏安居，有個比丘做錯了事但不自知，持律比丘見了就在大庭廣眾中，列舉他的罪狀。不料，該比丘高聲抗辯說：

「我沒犯罪怎麼說我犯罪呢？你是非法亂說，不配當做羯磨。」

這一來，有些站在舉罪的一邊，有些站在被舉的一邊，形成兩個爭執集團，彼此互相抗辯、造成僵局。佛知道後，便勸雙方忍讓，不可誹謗謾罵。雙方聚集一堂。

佛為他們說「壽王本生」的故事，告誡大家怎樣息諍，不要一味固執己見。諍不能解決問題，若要解決問題，只有忍辱無諍，況且大家為求解脫而來，怎能如俗人一樣作無謂爭執呢？應該要學長生太子與梵施王那樣還其和合呀！接著，佛又告誡說：

「汝等出家為道，同一師、同一學，如水乳合，利益佛法安樂住。止，諸比丘！莫共鬥諍、共相謾罵、誹謗、互求長短。和合莫共諍！同一師學，如水乳合，利益佛法安樂住。」

不料，雙方聽了不但不接受，反而大膽對佛說：

「世尊，你老人家不必問這些，這是我們之間的事，我們自己會處理。」

佛見他們無可理喻，知道他們一時不能止諍，只好任由他們自己去反省，而自己走到般那曼闍寺林，在村人所架的茅舍過夏安居。一個僧團若不時吵鬥爭執，黨同伐異、互相誹謗，根本不能追求解脫。

不久，爭執的那群比丘知道佛默默離去，反省自己不對，又得不到其他人的同情，便去祇園精舍向佛懺悔。他們表示要無條件息滅這件爭執，以後也不再鬥諍。佛隨即手指一頭獨行的野象，對他們教示說：

「無意和合相處的人，就如那頭象在獨行，悽涼又孤單。」

他們聽佛說後，更加友善過無諍的日子。

總之，天下無不能和解或妥協之事，只要不執迷己見，放棄「我」的貪執，即使暫時不能做到，認真反省後，再大的差異也能轉為和諧，所謂異中求同，或同舟共濟，當如是也。

上述佛教的「七滅諍」，算是相當周延合理的滅諍法，這是七種裁斷僧尼諍論之法。大意如下：

(1)現前毘尼。讓起諍雙方現前對決，引證三藏教法來裁決，或當面引證戒律制條來裁決。

⑵憶念毘尼。當大家在評議有沒有罪過時，質詢犯人有沒有記憶，若無則免之；但只限於平生為善，以善知識做朋友者。

⑶不痴毘尼。犯戒人若精神異常，待他痊癒後，羯磨而令悔其罪。

⑷自言毘尼。比丘犯罪，先讓他自由，再治他的罪。

⑸覓罪相毘尼。犯人不吐實，或陳述矛盾時，便列舉他的罪狀，盡形壽令他受持八法，不得度人或受人依止等。

⑹多人覓罪相毘尼。互相評議而不易裁決時，召集有德行的僧眾，依據多數意見來決定對錯。

⑺如草覆地毘尼。鬥訟者互相覺悟自己的不對，像草之伏地，一齊誠心發露，互相道歉懺悔。

雙方爭執的情況與原因常不止一種，上述七種解決法都依世間常情，做合理裁決；尤其最後一種非常圓滿。僅就世間法來說，佛教的息訴法可以在不同習慣，文化與族裔的社會實行無誤。

三〇、物質生活重於精神生活嗎？

㈠、孔子說：富貴是大家都想要的，但若不以正當方式而得到，君子也不會享有。貧賤是大家不想要的，但若不應該來而得到，君子也不會拋棄它……。（《論語》里仁篇）

㈡、孔子說：讀書人既然立志追求真理，若以自己穿不好、吃不好而覺得羞恥時，那就不值得跟他討論真理了。（里仁篇）

【佛法解說】

儒家主張讀書人不要太在乎衣食住的物質生活，應該專心求學，追求真理，這跟學佛修行的態度相彷，既然有志出家修行，就要一心一意開悟證道，對於衣食住不要奢求，愈簡樸愈好，倘若心被境轉，太在乎物質享受，而疏於內心的調伏，那就不像修行了。古經說：「憂道不憂貧」可作如是觀。

學佛就是先學習佛陀的生活方式，想當年佛陀出身帝王家庭，吃的是山珍海味，住的是豪華王宮，為了求道解脫，他寧可拋棄錦衣玉食，出家修行；待他證悟成佛之後，依然不留戀物質享受，寧願跟一群修行弟子住在簡陋的精舍，甚至住在樹下；至於衣食更出人意外，他寧可披上袈裟，出城托缽，過午不食……這就是佛陀當年的生活情形。

孔子心目中的士大夫，是要追求學問，有仁義道德，重視精神生活，但他們的精神生活並未脫離世間的七情六欲，相當世俗性，絕對不同於佛陀出三界的究竟解脫，貪、瞋、癡的除盡；就層次來說，佛法比較超脫，所以，佛家與儒家所追求的真理不一樣。誠如孔子所說：「不知生，焉知死。」而佛陀不只重視現世，也不忽視未來世和過去世，反正三世連貫，但現在也可以種因造業，而這會影響自己的未來世，孔子卻不懂這些……。

儒家的士大夫也不像佛教的出家人，故該學習佛教徒的修行，可以在家實踐仁義道德、宣揚法制禮制，照樣有很大功德。那麼，在家怎樣修行呢？就是儘量降低物質欲望，豐富精神層面；關於這一點，可從下則佛經故事得到啟發：

釋尊住在祇園精舍時，有四位新來參學的比丘，在芳香艷麗的樹下打坐，忍不住懷念世間的各種樂事。

甲說：「春天百花盛開，原野遊戲最快活。」

乙說：「親友相聚，歌舞飲酒，高談闊論，最為快樂。」

丙說：「衣裳美麗，坐車巡視，讓人羨慕時最快樂。」

丁說：「妻妾美貌，打扮入時，姿意縱情最快活不過了。」

凡夫有六種欲望，即色欲、長相美貌欲、身材優美欲、善用言詞欲、細滑欲和相貌欲。以上四位修行人沈迷在六欲裏，忘了自身的無常，不免引發釋尊的憐憫。於是，釋尊作了一首偈來警告他們：

愛喜生憂，愛喜生畏；無所愛喜，何憂何畏？
好樂生憂，好樂生畏；無所好樂，何憂何畏？
貪欲生憂，貪欲生畏；解無貪欲，何憂何畏？
貪法戒成，至誠知慚；行身近道，為眾所愛？
欲態不出，畏正乃語；心無貪愛，必截流渡？《法句譬喻經》

說真的，榮華富貴，或美衣美食，都是苦惱的根本，憂畏的原因：表面上那些生活好像很快活，但會先樂後苦，憂悲萬分，因為那些不能持久，難逃無常命運，自然不會快樂。與其這樣，不如淡泊無求，清淨生活，守心滅除妄念，只有追求悟境才會真正快樂。

孔子勸導士大夫降低物質欲望，但沒有警告那些會有無常的後果，與其得到短暫快樂，不如追求更高尚、更永恆的精神境界，那就是像顏回那種安貧樂道的生活態度，可惜，那也還不究竟，不徹底，除非領悟佛教的智慧，懂得「諸行無常」、「諸法無我」、「涅槃寂靜」的真理；才能究竟解脫，得到永遠幸福。

釋尊證悟以後，第一次返鄉，他的父王看見兒子率領徒眾沿門托缽，也曾忍不住責備他說：

「你別這樣挨家挨戶向人討飯吃好嗎？為何不到自己家裏來吃飯呢？你出身王族，還表現如此行為，不覺得羞恥嗎？」

釋尊聽了對父王說，行乞不可恥，反而可讓眾生有機會種福田。衣服是否美麗、飲食是否佳味，都會隨著心境改變。只要心境好，什麼飲食，什麼衣服也都一樣好……。

近代高僧廣欽老和尚在這方面也有一番開示：

「現在的人不管在家、出家，生活都很好。生活過得好，則災難多，著香、味、觸、法則病痛也較多……粗衣淡飯，修行當從此下手，而現在皆在考究吃的、穿的，整天忙這些，本是要消業障，現倒把福慧吃下去，業障隨著到來……從前飯菜都很簡單，煮羅漢菜，而今講究吃，出家眾比世俗人吃得好……。」

真正修行人應該尊敬廣欽老和尚，視他為出家修行的典範。其實，衣服為蔽體之用，但求整齊、簡便、樸素，不必太講究，非高檔品不穿，當然，刻意穿破衣，或吃不新鮮、沒有半點兒營養的飯菜來表示修行也不對。

近年來，國人的物質生活已到非反省不可的地步，請牢記吃多吃好可不是福，同樣地，太在意綾羅綢緞名牌衣裳更是奢侈……學佛修行的人，不妨牢記星雲大師一句肺腑的話：

「以佛法來說，一個修行的佛弟子，要時時警策自己的生活，不要流於靡爛，以禪悅為食，以道德為衣，以虛空為安住，以自在心境為行，不必營營於物質的追求，而為物欲所束縛……。」

佛教在這方面的見解和詮釋，比儒家士大夫更有說服力和內涵吧！

三一、君子耶　菩薩耶

㈠、孔子說：君子不莊重，便沒有威嚴，所學的也不會穩固。親近忠信的人，不要結交比自己品德差的人，有了過失，不要怕改正。（學而篇）

㈡、孔子說：君子對飲食不求滿足，對居處不求舒適；勤勉地做事，謹慎地說話，又能親近有道德的人來糾正自己的過錯，這樣便可算好學了。（學而篇）

㈢、孔子說：君子不像器物一般，限於一種用處而已。（為政篇）

(四)、孔子說：君子在沒說以前先做，做完後才說。(為政篇)

(五)、孔子說：君子待人普遍親厚而不結黨營私，小人結黨營私而不能待人普遍親厚。(為政篇)

(六)、孔子說：君子對人沒有什麼競爭，若有，也只在行射禮的時候！彼此作揖行禮，然後升堂射箭，射完後，又相互作揖下堂，贏的人揖讓敗的人升堂飲酒，這樣競爭才是君子之爭。(八佾篇)

(七)、孔子說：君子對天下所有事情，倒沒有一定要怎樣做，也沒有一定不要怎樣做，只要合乎義理便去做。(里仁篇)

(八)、孔子說：君子只在乎道德增長，而小人只在乎產業增加。君子常常掛念法度之事，而小人只掛念恩惠利益的獲得。(里仁篇)

(九)、孔子說：君子通曉義理，小人只知道利益。(里仁篇)

(十)、孔子說：君子說話很謹慎，做事很勤快。(里仁篇)

(十一)、宰我問孔子：有仁德的人，若別人告訴他：有人掉進井裏去了。他是否要跳下井去救人呢？孔子說：為什麼要這樣做呢？君子可以

到井邊去救人，但不必自己也陷到井裏。他可能一時受騙，但不會受不合理的事蒙蔽。（雍也篇）

⑿、孔子說：君子廣泛地研究典籍，用禮節來約束自己的行為，就能不背離正道了。（雍也篇）

⒀、孔子說：君子的心地坦然寬大，小人的心地狹小，憂愁不安。（述而篇）

⒁、司馬牛問怎樣才算君子。孔子說：君子不憂愁、不懼怕。司馬牛又問：不憂愁、不懼怕，就可算君子嗎？孔子說：自我反省，沒有愧疚，那有什麼可憂愁，可害怕呢？（顏淵篇）

⒂、孔子說：君子會成全別人的好事，不成全別人的壞事；小人剛好相反）（顏淵篇）

⒃、孔子說：君子與人相處和睦，但不與其苟同；小人會曲從人意，但不能做到正直和平。（子路篇）

⒄、孔子說：君子好事奉，但難討他歡喜，若不以正道來討他歡

喜，他不會歡喜；但他用人時，會衡量對方的才幹來用人。小人不好事奉，但容易討他歡喜；若不用正道討他歡喜，他也會高興，但他用人時，卻愛處處苛求週全。（子路篇）

(十八)、孔子說：君子安泰而不傲慢，小人傲慢而不舒泰安詳。（子路篇）

(十九)、孔子說：或許，君子有時也會違背仁義，但是，可沒發現小人會心存仁義。（憲問篇）

(二十)、孔子說：君子依循仁義，日趨上進；小人縱情肆欲，日趨下流。（憲問篇）

(二一)、孔子說：君子以他的言語超過他的行為為可恥。（憲問篇）

(二二)、孔子說：君子應具備三種美德，可是我都做不到；仁義的人不會憂愁，智慧的人不會疑惑，勇敢的人不會畏懼。（憲問篇）

(二三)、子路問怎樣做君子，孔子說：以成敬心自我修持。子路又問：這樣夠嗎？孔子說：修持自己，並使周遭的人安樂。子路又問：這樣夠

嗎？孔子說：自我修持，並讓全國的百姓安樂。這種理想連堯舜都擔心不能完全做到！（憲問篇）

（二四）、孔子說：君子處事為人用義理做原則，用禮節去實行，靠謙遜的說話表達，以信實態度來完成，這樣才算是君子。（衛靈公篇）

（二五）、孔子說：君子只怕自己沒有本事，不怕別人不曉得自己。（衛靈公篇）

（二六）、孔子說：君子最怕生前一事無成，死後不被人稱讚。（衛靈公篇）

（二七）、孔子說：君子盡其在我，小人但要求別人。（衛靈公篇）

（二八）、孔子說：君子莊敬自愛，不與人爭吵，跟別人和睦相處，但不結黨營私。」（衛靈公篇）

（二九）、孔子說：君子不會因誰的口才好，便推舉他；也不會因誰的行為壞，便忽略他的話。（衛靈公篇）

（三十）、孔子說：君子謀求的是道，不謀求自己的衣食。耕作也難免要挨餓；學習有成就，俸祿自然可以得到。君子所愁的是道不行，不怕貧

窮。（衛靈公篇）

㈡、孔子說：君子在小事上不一定會被人重視，但可擔當重大任務，小人不能接受重大任務，但在小事情方面會被人重視。（衛靈公篇）

㈢、孔子說：有三件事君子要警惕：一、少年血氣尚未穩定，別把精力放縱在女色上；二、到壯年血氣正好旺盛，別動輒打鬥；到老年血氣衰退，可別貪求無厭。（季氏篇）

㈢、孔子說：君子三事要敬畏，敬畏天賦的正理，敬畏高位的人，敬畏聖人的話，小人不知天賦的正理。所以不知道敬畏，對高位的人常忽視他，又侮辱聖人的言論。（季氏篇）

㈣、孔子說：君子有九種事要思慮：看要看得明白，聽要聽得清楚，臉色要表現得溫和，待人要謙恭，說話要忠實，做事要認真，有疑惑要發問，忿怒時要想到後果嚴重，見到利益要想到是否應得。（季氏篇）

㉕、孔子說：君子守喪時，吃美味食物也不覺得甘美，聽音樂也不覺得快樂，住在家裡也不覺得安適……。（陽貨篇）

㉖、子路問：君子崇尚勇敢嗎？孔子說：君子以義為重。在上位的君子只有勇而無義時，將會作亂；普通人只有勇而無義時，將會當強盜。（微子篇）

㉗、孔子說：不知天命，便不能做為君子……。（堯曰篇）

【佛法解說】

筆者熟讀《論語》時，發覺孔夫子一生讚嘆不絕的人物典型是「君子」，被他憎厭透頂的是「小人」。如從世間法說，不論古今中外，孔夫子所謂的「君子」始終是人類社會最可敬的風範，而「小人」也是最不受歡迎的典型。但從佛教的觀點說，卻始終看不出這種「君子」有什麼般若智慧？照樣嚐盡七情六欲的煩惱，依舊在八風——得、失、毀、譽、稱、譏、苦、樂——吹拂下搖擺不已。

上述第二十六條說：「君子怕死後的名聲不被人稱讚。」可見這種君子很在意「名聞」；雖然不怕死，但怕死後沒有留下好名譽，真是執迷不悟的標準凡夫。距離成佛證悟的層次太遙遠了。如果他能領悟生命的智慧，懂得生死一如的道理，肯定會有更高層次的教訓。

沒錯，孔子心目中的理想人物「君子」，正是中外社會的典型好人，人人稱讚，但他也有苦惱，生命沒有究竟解脫，受制於許多世俗牽絆，活得不夠自在，雖然不是學佛者的範楷；但在證悟成佛以前，無疑先要做個好人，也就是孔子所謂「君子」。

當然，「小人」是學佛的人要竭力避免的。君子乎！小人乎！全在自己的拿捏，而不在「天命」或「他力」者手上。

《大智度論》卷五十二有段話：「我眾生人……未得道時名凡夫人；初入道乃至阿羅漢名聲聞人；觀因緣法悟空小深，小愍眾生名辟支佛人；深入空法，行六波羅密，大慈大悲名菩薩人。功德別異，故名字亦異。」乍讀下，這些全是佛教名相，不明佛法的人會莫名其妙，殊不知它純粹指人格修養的層次，也點破所謂聲聞、阿羅漢、辟支佛、菩薩，統統都是人，而不是神秘存在。這一來，佛法修行跟「君子」或「小人」可以扯上關係了。

佛法不外教導世人怎樣成就最圓滿的人格。孔子一輩子努力教導人做君子，只要能服務社會、利益眾生，便算菩薩了。佛陀說：「人人皆有佛性」，君子與小人的佛性等價齊觀，彼此都不會遜色，也不是誰多誰少，誰強誰弱；只要自己有此認識，又肯努力，那麼，成佛作祖都有分，毫不在乎君子與小人的差別。原因是，小人也能「放下屠刀，立地成佛」；反之，君子如果不能精進，也照樣會倒退，所謂「學如逆水行舟，不進則退」嘛！總的來說，君子與小人只在悟與迷之分而已。

一個普通人平時除了奉公守法，工作之餘，還會努力求知，充實自己，朝著人生正確目標邁進，這彷佛學佛歷程的「聲聞」，似乎超越了「凡夫」；等他完成理想目標，便算一個「阿羅漢」。但是，在這以前，他的一切努力全為自身利益，也就是「自利」目標。之後，他若想除了自身利益以外，多少也想為別人服務，那麼，就可以升級為「菩薩」了。

上述「君子」或許屬於這個層次，也許其中有極少部分正在學菩薩行，極力在提升人格層次。果真如此，那就值得擊掌，讚嘆。

君子若想更上一層的菩薩階段，就要向以下六方面努力，這叫「六波羅蜜」，大意如下：

㈠布施，布施即是給予，設法給予周圍的人什麼東西呢？大體來說，不外給予他們財施、法施和無畏施。

①財施：不但有餘錢實物施捨，更要肯喜捨；例如，捐款給貧困孤獨或公益事業。

②法施：把真理免費教導別人。例如，長輩向年輕人講述待人處世的道理；教誨守法讀書的重要等。

③無畏施：替人消除疑惑恐懼，或給人安全信賴等。

㈡持戒，遵守戒律或守法。例如，不殺生、不偷竊、不邪淫、不妄語，不飲酒等五戒。

㈢忍辱，不僅要吃苦耐勞，拋棄享受玩樂，還要忍受譏笑和挫折等。

㈣精進，為眾生努力學習，完成行願。例如，常去圖書館、科學館或資料處，不斷吸收新知識，跟上新時代。

㈤禪定，不論何時何地都能心神安定，不起邪念。

㈥般若，心境不被周遭事物影響，生活保持樂觀。

現代人不僅要做君子，更應修菩薩行，成就菩提道，但願不要做小人或凡夫。

三二、能以偏蓋全嗎？

孔子說：只有女子和小人最難對待了。親近他們，他們會無禮；疏遠他們，他們會埋怨。（陽貨篇）

【佛法解說】

孔夫子一輩子閱人無數，且有教無類，也教出了許多傑出的人士；然而，女子和小人依舊令他傷腦筋，很不好調教或相處，才令他有感而發。

學佛修行要有福報、善根和佛緣俱足，才算具備最起碼的條件。佛陀宏法四十餘年，接觸各種社會階層，也教化了數不盡的眾生，算是人類歷史上最成功的教育家。無如，他也會對某種對象很氣餒，即所謂一闡提也。

這個音譯字的原義是「斷絕一切善根，無法成佛者」。依據《入楞伽經》卷二說，「闡提」有兩種：㈠斷善闡提，即本來就缺少解脫之因（斷善根）。㈡大悲闡提，又叫菩薩闡提，因為菩薩本著救度一切眾生的悲願，便故意不入涅槃。

既然一切眾生皆有佛性，那麼，「一闡提」為什麼不能成佛呢？這個疑惑至今仍在爭論中，恕筆者只能點到為止。

記憶裏，許許多多佛經故事提到佛陀教化成功的例子，惟獨對提婆達多傷透腦筋，幾次好言相勸都不肯聽，竟讓佛陀有一次在眾多同修、國王和阿闍世王子面前，羞辱他是「食唾液之人」。

據說提婆達多修得神通之後，為了巴結阿闍世王子，便不時化作一個幼童，在阿闍世膝下嬉戲，結果得到王子的喜愛，提婆達多便將阿闍世疼愛幼童的口水吞下肚裏。最後，提婆達多不但不聽佛陀的勸告，息掉自己的野心，反而老羞成怒，三番兩次算計要迫害佛陀，幸好都沒有如願……可見提婆達多很難教化，也是佛陀一輩子春風化雨中惟一沒有教好的學生，應該佛陀心目中的「小人」。

凡事有果必有因，孔夫子以為女子與小人最難調教，表面上說，親近他們時，他們會無禮；疏遠他們時，他們會埋怨。其實，不是每個女子和小人都如此，不能一概而論，更非永遠如此。因因緣緣，隨時會變化，所以，女子和小人有時也會有好教養，很好相處；結果變為善男子和善女人。

孔夫子所謂「女子與小人」很難教養，也許出自他自己的分別心!?倘若因為親近他們或疏遠他們，就會變成無禮與埋怨，那麼，既不太親近，亦不太疏遠，保持適當距離，不就是皆大歡喜，功德圓滿嗎？若能站在相反的立場，也就是顛倒一下角色來設身處地想一想，那麼，情況也許不會這樣嚴重——無禮與埋怨。

依佛法說，眾生皆有佛性，「女子與小人」也絕對不例外，只要福報、善根與因緣俱足，也照樣能證悟菩提，享受法喜。他們所以很難調教，當然是因為心迷，欠缺好因好緣所致。

環視周遭，每個人只要除去分別心，自然無所謂女子與小人存在，統統都是有情眾生，一旦碰到善知識而開悟，也是未來的佛菩薩。只要用慈悲、愛心與恆心去面對調教，那麼，他們也未必會無禮與埋怨吧!?

三三、世間、出世間的教學法

㈠、孔子說：只要在中等資質以上，就可以告訴他高深的道理；如果在中等資質以下，就不能告訴他高深的道理了。（雍也篇）

㈡、孔子說：只要能自動送些敬師禮品來，我不會不教誨他。（述而篇）

㈢、孔子說：教導學生，不到他心裏想要明白而不可得，我不會啟發他。不到他想說出來而說不出，我不會開導他。一個東西，提示了一角，而還推想不出其他三角，我也不會再教導他。（述而篇）

㈣、孔子說：諸位以為我有什麼隱瞞而不告你們的嗎？其實我一點也沒有隱瞞，我所做的事，沒有一件不向你們公開的，而這就是我孔丘的為人。（述而篇）

㈤、孔子說：教育對象不分貧富貴賤等階級，要機會均等。（衛靈公篇）

【佛法解說】

在中國，孔子是名副其實的大教育家，由此可見他的教學方法與教育理念都是第一流……值得我們尊稱他「萬世師表」。

在世間法上，佛陀也是偉大的教師；現在可分以下兩方面來比較說明，可知他們確有大同小異之處，非常有趣。

㈠**教學方法**：基本上，他們都明白人的資質千差萬別，光以資質、性向和興趣來說，人人不同，各如其面。倘若教學不依據這些，那麼，他就是一位失格的教師，且教學效果肯定不彰。換句話說，先要了解學生，並因材施教。例如：

(1)《雜阿含經》卷三十三記載，佛陀用四種良馬來比喻弟子的資質。稟賦最佳的弟子好比第一等良馬，只要稍微受到暗示，就能領悟許多道理，即是舉一反三，或觸類旁通。稟賦再次些的弟子，就需要稍多指導。再差一點的弟子，就要更多些指點。至於第四等弟子，就得常用苦語來懇切教訓，才能使他們明白接受。

(2)《大智度論》卷十一記載，佛陀不但知道弟子的稟賦，也懂得用什麼方式才能令對方解脫各種苦惱，或要經過多久才能啟發對方的心智。譬如有些弟子只要溫和地指導便能收效；有些要苦苦誘勸，再三教誡才能見效。有些弟子需用甲種教材，有些要用乙種，而有些得用兩種才能收效。

(3)《華嚴經》卷八十記載：佛陀能在剎那間同時知道所有弟子的學習效率、心理與行為。縱使弟子再多，他仍然運用這種本領。當然，這是佛陀具有「他心通」的緣故。

真要了解徒眾也不簡單，何況佛陀身邊常有一千二百五十位弟子。尤其對於孤僻、不滿現實、缺乏溫暖而得不到關懷的弟子，更要花心思去溝通。

那麼，佛陀怎樣了解他們呢？原來，佛陀憑觀察經驗，和高深禪定後所訓練的敏銳洞察力，後者肯定連我國的至聖先師孔夫子也沒有，殊不知這才是最徹底、最周延的方法。僅憑感官與經驗方式來了解學生，是表面性、局部性，且很有限。

例如《佛地經》記載，佛陀是有出世間的「妙觀察智」，可以清楚地觀察所有人、事、物的性質、功能與真相。因此，他的記憶力與洞察力異乎常人，不但能熟記每個學生的姓名、年齡、籍貫、相貌、健康狀況、智商發育、心理反應、社交、知識水準、記憶、推理判斷，還能掌握他們的學習動機、嗜好、家世淵源、雙親狀況等。在諸經裏不時發現佛陀能親切地叫出弟子的姓名，並稱讚他的優點與特長。佛陀隨時糾正和輔導徒眾的缺失，並給予個別指點，讓大家都能得到開悟。

《大乘理趣六波羅蜜多經》卷八記載，佛陀隨時能入定，藉禪定所得的智慧來了解弟子各種情況，之後以適當深度的道理來指引。結果都能讓徒眾恍然開悟。

《摩訶般若經》卷二記載，不論弟子心裏有無雜念、有無強烈學習動機，或特殊感受、憎恨、疑惑、渴愛，以及有沒有心理負荷、解脫、定心、亂心，甚至徒眾的胸襟大小等，佛陀都能瞭如指掌。

《無量義經》說：「知識眾生性欲不同，性欲不同，則種種說話。」《妙法蓮華經》卷一〈方便品〉說：「我以智慧力，知眾生性欲。方便說諸法，皆令得歡喜。」

㈡**教育對象**：佛陀教誨的對象遠比孔子更寬闊，不但要教導帝王將相、販夫走卒等各階層人物，還要教誨其他動物如卵生、胎生、濕生（生在水裏）、化生（寄生在他物上）等欲界眾生；甚至有色、無色、有想、無想、非有想非無想等六道眾生也無所不教，真正有教無類。現在，只講人的教誨。

雖然佛陀身邊常有一千多名徒眾前呼後擁，別以為他們全都絕頂聰明，或有非凡善根，其實未必如此，只有舍利弗、目犍連等幾位出乎其類，例如十大弟子，個個都有一套本事，他們全靠自己修習得來，而非天生的成就。

膾炙人口的那位老比丘槃特，卻非常愚笨，反應亦遲鈍。三年學不會一首偈，人人嘲笑他，只有佛陀同情他，親自教導他說：

「你年紀大了，好不容易才背熟一首偈，而今讓我把意思告訴你。」

總之，佛陀宏法四十幾年，教人無數，包括國王、大臣、富豪、農夫、知識分子、獵戶、強盜、囚犯、窮人、妓女、孩童……無不免費開示，好言誘勸。

《無量壽經》有一句話：「佛陀普遍為十萬眾生演說微妙道理。」就知道佛陀的救度對象多麼廣大。

那麼，佛陀為何能以平等心教化大家呢？原因是他已徹底破除了「我執、證得諸法平等，故能慈悲一切人群，沒有怨親貴賤。這就是《心地觀經》所謂的「平等性智」。

《華嚴經》指出，佛陀一天所教化的眾生數目多得不可勝數，當然，只有學佛的人才能悟解其中的道理，而這也是佛陀遠超過孔子的地方，因為佛陀是人天尊師，接觸對象不只人類而已。

三四、夫子不談，佛陀要談

㈠、孔子不談論那些怪異、勇力、悖亂、鬼神之類的事情。（述而篇）

㈡、子路問：怎樣奉事鬼神？孔子說：活人尚且不能事奉，怎麼能事奉到鬼神呢？子路又問：恕我斗膽請問人死後怎樣？孔子說：人活著時候的事理都不知道，怎能知道死後的事？（先進篇）

【佛法解說】

孔子根本不談鬼神，也不知死的世界，無疑是跟佛陀最大的差別之一，當然，佛陀也談眾生在娑婆世界的各種事情，但他更能深入地指出鬼神與死的狀況。原因是人生有三世因果，不只有這一生，也還有另一生，更有來生，輾轉輪迴，苦惱無窮。惟有究竟解脫，跳出生生世世的輪迴之苦，才是佛陀教化眾生的本懷，而這也是佛教最殊勝的地方。孔子在這方面望塵莫及，應該不在話下。

本文主旨有二：㈠鬼神是什麼？㈡死又是什麼？這是孔子不談，亦不知道的事。那麼，佛教的解說怎樣呢？不妨簡述於下：

㈠鬼神，具有恐怖威力，又能變化自在的怪物。他們有善有惡，前者會守護世間，護持佛法，例如大梵天王、三十三天王、四天王、炎魔頭、難陀龍王、跋難陀龍王；後者如羅剎是惡鬼之神，而夜叉屬於善惡兩方。佛陀通常所指的鬼神是乾達婆、夜叉、阿修羅、迦樓羅、緊那羅、摩睺羅伽等六部鬼神。《金光明經》詳述諸天鬼神，天台宗很尊崇這群鬼神。

㈡死，佛經記載不少死亡的種類。例如：

1.北本《大般涅槃經》卷十二：①命盡死，即性命終結而死。②外緣死，即由外在因緣而死。

2.《大毘婆沙論》卷二十：①有財而壽命盡。②有壽命而財盡。③財與壽命俱盡。④雖有財與壽命，但遇惡緣而死於非命。

3.《藥師本願功德經》：①患病不得醫藥而死。②觸犯國法處死刑。③

荒淫無度，而為惡鬼奪盡精氣而死。④火焚而死。⑤溺水而死。⑥為惡獸咬死。⑦從絕壁山崖墮死。⑧毒死。⑨饑渴而死。

4.《勝鬘經》：①分段死，指眾生之業報身有壽命長短、身形不一等區別。②不可思議變易死，指阿羅漢、菩薩等有生滅變易之死。

其次，談到命終時的心相也有許多不同。例如：

1.《瑜伽師地論》卷一：由善心而死者，命終會有善心現行，故死得安樂，沒有極苦逼迫於身。由不善心而死者，命終時現起不善心，會有痛苦。

2.《小乘說一切有部》：命終後僅由業力決定他的去處，而大乘強調阿賴耶識的作用力，它沒有間斷，不囿於生死，會三世相續。

命終時的苦惱，依據《瑜伽師地論》卷六十記載，死苦有五種相——人死時離別心愛的財寶、眷屬、自身、朋友及備受各種重大的憂愁。

佛教主張世間萬物都有生、住、異、滅四相，而這就是有生命者的生死，有生必有死，但死不是滅盡，仍盼另一次因緣和合，重新開始新生。例如人的生命結束為死，但死後會投胎轉世在六道裏，開始另一期的生命，這樣輪迴不息。可惜，自古以來，人類不明死亡真相，才會產生恐懼與悲痛。佛陀開示多種法門，來引導大家斷除煩惱根源，免於解脫生死輪迴，這就是孔子完全不知之處。

我們要學佛修行雖然尚未完全開悟，至少對死亡不會怕，反而能灑脫地面對它，現有幾位高僧大德的榜樣：

㈠**善昭禪師**。朝廷有一名大官李侯，下令善昭禪師去承天寺當住持，速下三道命令，禪師都不去。於是，李侯便派使者來迎接禪師，臨行時威嚇使者非請到禪師不可，否則要處死。使者只好苦苦哀求禪師要救他，禪師答應後，就向徒眾說：

「我不能帶你們一齊去，若帶你們去，你們也趕不上我呀。」

一個徒弟卻說：「師父放心，我一天能走八十里路，可以跟你去。」禪師說太慢，仍然趕不上我。另一徒弟說一天能走一百二十里，禪師仍說太慢趕不上。這時一個徒弟終於明白了師父的意思，便說：「師父走多快，我也能走多快。」

禪師一聽就說：「好極了，我們走吧！」

只見善昭禪師，坐在法座上立即微笑往生了，而那個弟子也恭敬地站在法座邊圓寂。

這是何等瀟灑，何等自在，惟有領悟佛法才可以辦到。

㈡宋朝的**德普禪師**。某日，他把徒弟們召集到面前說：「我就要走了，不知死後你們怎樣祭拜我，也不知我有沒有空來吃，與其到時候掛念，不如趁現在看著大家來祭拜我一下。」

徒眾聽了很詫異，但也恭敬地從命聚在一起祭拜一番，不料次日大雪一停，禪師果然去世，真是幽默自在。

最膾炙人口的是龐蘊居士一家四口，死法各有千秋。女兒龐靈照搶先坐在父親的座位上死去，龐居士一看便臥倒死亡。次子在田裏作業，一聽父親去世，就丟下鋤頭，站著死去。龐夫人見家人個個往生，她撥開石頭細縫，口留偈語去了。

他們死得詩情畫意，了無掛礙，若非有悟解生死無常的智慧，與精進的修持，怎能如此？而這是孔夫子完全陌生的事，只有佛陀才懂得。

總之，死亡不是消滅，也不是長眠，更不是完全虛無，而是走出這扇門進入另一扇門，從這個環境轉換到另一個環境。最後，我引述星雲大師對死亡的六種譬喻，啟發學佛的人更多認識。六種譬喻是死如出獄，死如再生，死如畢業，死如搬家，死如換衣，死如新陳代謝。

有正確的死亡觀念，自然不會怕死，也能領悟死後是個什麼世界，結果不是比孔子更有智慧，更懂人生嗎？

三五、職業觀點大同小異

㈠、達巷黨的人說：偉大哩孔子！雖然學識淵博，可惜不會靠一技一藝的專長出名。孔子聽了對門徒說：我該學習那一種技藝呢？我該學駕車？習射藝？看樣子還是學習駕車才對。（子罕篇）

㈡、樊遲請教孔子種植五穀的方法。孔子說：我不如老農夫。接著又請教蔬菜種植法。孔子說：我不如種菜的人。樊遲退出後，孔子說：樊須真是個沒有志氣的小民。在上位的人好禮，那麼，民眾不敢不恭敬；在上位的人好義，民眾不敢不服從；在上位的人好信，民眾不敢不誠實。若能這樣，各處民眾都會背著嬰孩來歸順，這一來，何必自己去種植呢？（子路篇）

㈢、孔子說：君子應該謀求道，而不該講個人的衣食。即使耕種，也難免會挨餓；只要學問好，自然可得俸祿。君子只愁道業不成，不愁貧困不得食。（衛靈公篇）

【佛法解說】

可見孔夫子學識豐富，志在專心教書，弘揚仁義的道理。似乎鼓勵學問好，不愁沒有官做和公俸，不鼓勵學生去學習謀生技藝。難怪長期以來，中國社會受到獨尊儒術的影響，百姓懷有「萬般皆下品，惟有讀書高」的心態，都不太願意去耕種。其實，學以致用，書讀得好也可以做各種事業，只要利益眾生，服務社會都好，不一定非去做官或當公務員不可。孔子的職業觀形成於當時的各種因緣，不可厚非。

佛陀出家以前，是釋迦族的王子，倘若不出家求道，自然成長後執政，也就是他的職業了。成佛後，他的專業即是弘揚佛法，利益更多眾生，前後的生命與職業變化之大，正如《法華經》所說，佛的出世為一大因緣，當真不可思議。

佛陀的職業觀，無疑指在家佛教徒的謀生方式，也就是經濟來源。原則上，在家學佛的人的職業要符合八正道（**正見、正思惟、正語、正業、正命、正精進、正念、正定**）中的「正命」，意指正當的謀生方式。依今天的標準來看，不見得所有合法的職業都符合佛教的「正命」，例如開設電動玩具店、酒家、釣魚工具和獵槍等商店，以及屠宰場等都不是「正命」。

佛陀時代，出家人主要靠行乞和施主供養來生活，佛陀反對出家人耕作、賣膏藥、依仗權勢，聽命於富豪家庭，或依靠算命、占卜等方式謀財生活。

《阿含經》有一段記述，可以窺知佛陀對於出家人與職業的譬喻滿有意思，也不難看出他對出家這門特殊事業的重視，且以身作則去推行。

某年，佛陀走到摩伽陀國南部一個叫做「一茅村」的村莊，向一個婆羅門巴拉多賈表示，自己也在人間耕作，不會無所事事，只知消耗資源，做社會的寄生蟲；不過，自己作業工具與方式不同，時間地點也有差異。因為當佛陀向巴拉多賈化緣時，他正在田裏耕作，所以，佛陀藉機說出宏法跟耕作的關係。大意說：

「信仰像種子，苦行是雨水，智慧如牛隻肢子上的圈套，慚愧等於鋤頭，意念是縛繩，心志猶如犁與棒棍。耕作的實況是：保重身體、說話謹慎、節制飲食、行為誠實。好像在除草，心平氣和彷佛一套頸圈，努力宏法像一隻牛能載人到達悟境，而這種耕作會得到甘露果報，在苦惱下究竟解脫……。」

換句話說，佛陀把娑婆世界當作一塊福田，視救度眾生為終身職業。環視現在的佛教，道場林立，不論山裏或鬧街都有寺院，出家僧尼成群結隊，但不知是否能實踐上述佛陀那段譬喻呢？有些外道們不時譏諷國內蓋廟和做法會最好賺錢，意在嘲笑有人「藉佛偷生」，把出家當做生活的善巧方便，視寺廟為商店，用法會、超度、念經為斂財工具……不把宏法利生當做終身事業。殊不知出家並非世俗所謂三百六十行業之一，而是大丈夫才能勝任的職務，例如慈濟的證嚴法師給國內開闢一道巨大的清流，勸人行善成了「現代觀世音」，便是最好的佛教事業的楷模。

現代人選擇終身事業不必太現實，亦不必沿襲士大夫觀念，只想讀書做官，唯利是圖；除了照顧自身的溫飽，養家糊口，也要兼顧其他人的利益，成為真正的善知識，才是佛教徒正確的職業觀。

三六、飲食習慣　差別懸殊

孔子不嫌米飯精白，食肉不嫌切細，糧食放久變壞或變了味道都不吃！魚類肉類腐爛變了味也不吃，食物跟平常的顏色不同，或變了味道不吃，烹調壞了不吃，不是正餐不吃，宰殺方式或處理不妥的肉不吃，若無適當的醬不吃。肉類多，也不能吃得比飯還多。喝酒量力，不喝醉惹事。街上零買回來的酒和肉乾等不乾淨也不吃。桌上生薑不拿走，食物不會多吃。國君祭禮分到的祭肉，當天就分送給人。家祭的肉不留存太久，頂多三天，超過三天不吃。飲食時不交談，睡覺時不講話。雖然粗茶淡飯，臨食也必祭，且有敬意。（鄉黨篇）

【佛法解說】

以上是孔子個人的飲食習慣，沒有其他複雜的意義，頂多表現古代中國人的飲食情況；從民俗學的觀點看，也是很單純的飲食文化之一。

佛教的飲食意義頗不尋常，不論種類與內容，都跟孔夫子的飲食大不相同，且有儒者意想不到的解說，實在滿有意思。

依照佛教的解釋，飲食是指長養或持續之意，就是養育眾生之肉身，或聖者之法身。

凡是長養肉身的食物，叫做世間食。長養法身（悟智）之食物叫做出世間食，總共有九類。

㈠**世間食**：

1.段食：以香、味、觸等色法為體之飲食，可以滋養諸根。

2.觸食：精神主體透過感覺器官，由外境所生起的心理作用，藉此長養感覺或意志。

3.思食：即意志作用（思），希望自己所愛好者存在的狀態，並能持續生存。

4.識食：指精神主體。

㈡**出世間食**

1.禪悅食：行者用禪法滋養心神，得到禪定之樂。

2.法喜食：行者聞法歡喜，增長善根，資益慧命。

3.願食：行者發弘誓願，欲度眾生，斷煩惱，證菩提，以願持身，常修萬行。

4.念食：行者持憶念出世之善法，護念不忘。

5.解脫食：行者修出世聖道，斷煩惱業障，不受生死逼迫之苦。

此外，一切食物歸納為五類，即飯、麵、麥豆飯、肉、餅；或麵、飯、乾飯、魚、肉等叫做五正食。其他的枝、葉、花、菜、細末磨食；或根、莖、菜、花、果等叫五不正食。

比丘禁吃有生氣的食物，故得用五種方法去除生氣之食物。即用火淨、刀淨、爪淨、自然乾燥、以鳥啄之。這樣得到的清淨食叫做五種淨食。

出家人可以行乞生活叫正命食，但不能靠邪命食生活，例如下口食（依耕作、賣藥）、仰口食（依天文、術數等學）方口食（依權勢、富豪使於四方）、維口食（依占卜吉凶等）。

佛教教團規定出家人吃飯在早晨到正午之間，過此時辰吃飯叫非時食。齋食以外的粥為不正食，自古即為早餐食物，但後來寺院之朝食（粥）與中飯（飯）合稱粥飯，之後也用做夕食了。在飯食之際，唸呪文或佛名以示感謝者，叫做唱食。

比丘可吃不犯戒的肉，叫做淨肉。它有三種：

1.見：不見為我故殺之肉。

2.聞：從可信之人聞非我故殺之肉。

3.疑：無有為我故殺之嫌疑之肉。

離開見、聞、疑三者始為淨肉，反之叫不淨肉。

除三淨肉外，若加上壽命盡而自然死亡之鳥獸肉，及猛獸猛鳥等食殘之肉，叫做五淨肉，再加上非為自己所殺之肉（不為己殺），自然死亡經多日而自乾之肉（先乾），不由期約，偶然相遇而食之肉（不期遇），以及非今時為我而殺，乃前時已殺之肉等，合稱九種淨肉。比丘可吃托鉢或受供養得到的肉，此外如生病比丘可自動請求食肉，其餘禁止肉食。

但在大乘佛教如《涅槃經》、《楞伽經》等認為食肉是違反慈悲精神，故禁吃一切肉，而訂定食肉的十種過失。

又人、象、馬、龍、狗等五種，加上鳥、鷲、豬、猿、獅子等為十種不淨肉。不論如何均不可食用。

由此可見，佛教飲食規矩很多，反觀儒家沒有任何限制，而上述是孔子個人的飲食習慣罷了。

三七、以身作則，收效最大

㈠、季康子憂慮國內的盜賊多，特向孔子請教。孔子說：如果您自己不貪求，即使獎勵百姓去偷竊，他們也不會去偷！（顏淵篇）

㈡、季康子問政於孔子說：倘若殺掉無道的人，來成就有道的好人，您看怎樣？孔子說：你是個管理政務的人，怎麼要用殺戮的方法呢？只要你有意為善，老百姓也就會向善了。君主的德行彷彿風吹，老百姓的德行彷彿細草，風吹到草上，草必定會隨風而倒。（顏淵篇）

㈢、孔子說：只要在上位的人自己行為端正，不發施命令，事情也行得通；如果本身行為不端正，即使下達命令，百姓也不會聽從。（子路篇）

㈣、孔子說：假如君王能端正自己的行為，那麼，執政會有什麼困難呢？倘若不能端正自己的行為，又如何去端正別人呢？（子路篇）

【佛法解說】

可見孔子非常重視「以身作則」，倘若自己先有相當的體驗，那麼，說話一定會更有說服力，內容一定會更生動，結果也更容易取信於人。所謂「無聲勝有聲」，大家的眼睛是雪亮的，聽到過來人的心聲一定會樂意接受。佛陀在這方面是很好的榜樣，凡是他的教誡都有事實做根據，也全是他自己親身體驗的。現在分別敘述於下：

㈠**出家的功德**：佛陀的俗名叫悉達多，出身釋迦族的王子，二十九歲出家，在此以前，他的生活舒服，各種享受都是人間少有。但是，他為了解生老病死的苦惱，私自出宮求道，直到三十五歲才開悟成佛。顯然，倘若他不出家，一直生活在王宮裏苦思默想人生問題，肯定不可能成佛作祖。他宏法四十多年，除了擁有一大群在家弟子，也有許多弟子追隨他出家；當然，如果他自己不出家，那就不可能會有出家人來追隨他，而他也說不出出家的功德，最後也不可能成立教團來延續慧命了。

佛陀離開祖國十一年後才返回故里，適值他有一位同父異母弟弟難陀，剛巧在新婚期，有一次，佛陀看各種因緣成熟，便勸他出家修行，很慈祥地告訴難陀說：「希望你跟我出家，解決你的生死大事，因為我要為你的永遠幸福著想。」

難陀果然答應了，之後難陀也有過一段分心，幸好都能回心轉意，堅定地投入教團生活。最令人感動的是，佛陀在故鄉短期逗留中，竟使王族中不少年輕子弟，例如阿難、阿那律、磨訶那摩、跋提、金毘羅、劫賓那、提婆達多等人，都願意捨俗入僧，增強了教團力量。而這也是佛陀以出家身分引起的效法。

㈡**反對苦行**：提出任何一項主張，都得有充分的理由才能讓人信服，尤其，要改革或反對根深柢固的舊觀念，更要有十足的反對理由，否則一定不能讓人接受。佛陀住世時代，印度社會早有苦行的習俗，婆羅門教徒無不認為苦行是解脫人生苦惱的惟一途徑。所以，悉達多剛出家時也去修苦行，地點在王舍城西邊的尼連禪河畔。因為悉達多對當時兩位最有名的仙人的理論和實踐都很失望，便想靠自己開悟，其間嚐試斷食等所有苦行方式。據說者那教的領袖尼乾陀曾在劇烈苦行下開悟，但是，悉達多苦行後變成皮包骨，差一點兒喪命。當時有個外道目睹悉達多苛刻苦行，十分感動，也跟著他修苦行。

之後，悉達多發覺苦行不能讓內心平靜，遲遲不能證悟，無異為苦行而苦行。才決心離去。

佛經上說，外道們指責佛教徒懶惰，善替自己辯護，才強調苦行無益。其實，我們決不能忽視佛陀開悟前這段苦行的意義。後來徒眾發現像佛陀這樣傑出的人，苦行六年尚且不能開悟，便有自知之明而捨棄苦行，雖然，其間佛陀不曾向徒眾提及自己年輕時代的苦行經歷。

㈢**生活示範**：《金剛經》開頭有一段記述十分動人，就是：「那時快要吃午飯了，佛陀披上袈裟，拿了盛飯的缽，走進舍衛城出乞食，挨家挨戶化緣，化完後回到原地，吃完飯便把衣缽收拾起來。洗乾淨了腳，鋪好座位坐下。」每當筆者讀到這裏，就馬上感受到佛陀的平民化和民主化，也領悟到佛陀的慈悲心與以身作則的風範。貴為一個大教團的開創者，前呼後擁的弟子一大群，還要自己出門托缽，挨家挨戶去乞食！師父走在前頭，徒眾跟在後面，有樣學樣，不需要饒舌講解，就能令徒眾心悅誠服了。其實，諸如此類的佛經故事也不勝枚舉。若一味教訓徒眾這個不能做，那個不能做，而自己偷偷去做，不肯以身示範，結果，徒眾一定心裏嘀咕：「只會叫別人不能做，自己卻去做，不是掛羊頭賣狗肉嗎？」俗話說：「事實勝於雄辯。」原因是，示範的本身會說話，更能打動人的心！

㈣**無常的證實**：世間的一切是無常，人出生之後，就不可避免死亡。所以，佛陀在入滅前夕，就指示自己的身體好像一部老舊的車子，天天在腐朽損壞中，故以自身來印證世事無常的事實。他再三教示：

「大家悲傷沒有用，你們要從此事去領悟無常的真理，用智慧去看清人間的真實相，要變的東西總是會變，想以人力使它不變是不可能的。」

當時，阿難因為服侍佛陀二十五年，感情最深厚，就忍不住嗚咽悲泣，誰知佛陀反而安慰他說：

「世間沒有人能永遠活著，誰都會有死亡的日子，你為什麼傷心得這個樣子呢？不要這樣嘛。」

可見佛陀除了自身示範死亡的事實，也示範用理性的態度勸人勿悲嘆，在在彰顯「以身作則」的榜樣。

學佛出家不是等閒的事，所以找師父剃度要謹慎。若要看他（她）有無資格，只有看他（她）有沒有以身作則嚴守戒律。倘若是虛有其表，只熱衷廟產、學問和名聞利養，而絲毫不守清淨戒，本身就不是夠格的出家人，那麼，怎能貿然跟隨他呢？

放眼世間，各個公私機構的「長」字輩人物，切勿迷戀權威，只知叫人怎麼做或糾正部屬的缺失，而昧於「以身示範」或「身先士卒」的領導秘訣。

三八、此天不同彼天　涵義不盡相同

㈠、孔子說：五十歲的階段便知天命。（為政篇）

㈡、孔子說：天說過什麼呢？四季照樣運轉，萬物照樣生長，上天

何曾說什麼？（陽貨篇）

㈢、孔子說：我若有不合禮的行為，天會厭棄我，天會厭我！（雍也篇）

㈣、孔子說：天既然賦予我這樣的品德，桓魋奈何得了我嗎？（述而篇）

㈤、孔子說：如果老天要滅亡這種文化傳統，那麼，我這個後死的人，就不會參與負擔這個文化傳統了。如果老天不想滅亡這種文化傳統，匡人又能把我怎樣呢？（子罕篇）

㈥、顏淵死了，孔子嘆說：唉！天要亡我，天要亡我！（先進篇）

㈦、孔子說：我既不怨天，也不責怪人，只有從人事上去學習，再上達天理，能知道我的，只有天吧！（憲問篇）

㈧、孔子說：「如果做事違背道理，得罪老天，那麼，不論向什麼神祈求都沒有用。（八佾肩）

【佛法解說】

孔子相信的「天」，不外乎俗話所說「造物主」，祂有「造生萬物，主宰一切」的偉大能力，而這跟佛教的天意南轅北轍，各有所指。反觀佛教的「天」來自梵語，音譯為提婆，跟天上、天有、天趣、天道、天界、天上界等相同意思。泛指迷界的五趣與六趣中最高級的有情，或指他們居住的世界。如果指有情眾生自己，則叫做天人、天部、天眾（複數），相當於俗話所說「神」這個名詞。

在初期佛教裏，教法以涅槃為中心，對在家徒眾的教說，便以死後生天為主，只要依道德行善，即可生天。最古老的經典《經集》說，如肯施食予沙門、婆羅門、乞食者，死後可以生天，之後，施論、戒論和生天論就成了對在家信徒宣揚的三大論了。

「天」的思想，並非佛教獨有的，乃係當時印度人的一般信仰，後來被佛教所沿用。

佛經記載「天」的世界，距離地面遙遠的上方，由下向上，依次四大王眾天（又叫四天王—持國天、增長天、廣目天、多聞天等，乃其眷屬居住的場所）、三十三天（又叫忉利天，天主叫做釋提桓因，即帝釋天）、夜摩天（又叫焰摩天，第三焰天）、覩史多天（又叫兜率天）、樂奕化天（又叫化樂天）、他化自在天（又叫第六天，魔天），合稱「六欲天」，屬於「欲界六天」的意思。

屬於色界諸天有四禪天，共有十七天或十六天，十八天。即初禪天：梵眾天、梵輔天、大梵天。第二禪天：少光天、無量光天、極光淨天。第三禪天：少淨天、無量淨天、遍淨天。第四禪天：無雲天、福生天、廣果天、無煩天、無熱天、善現天、善見天、色究竟天。大梵天又叫梵天，而大梵天更與帝釋天並稱「釋梵」。如再加四天王，便叫「釋梵四王」，均為守護佛法的善神。

以上諸天中的四大王眾天和三十三天，都住在須彌山上部，故叫地居天。夜摩天以上住在空中，故叫空居天。諸天居住的宮殿天宮、天堂。居住愈上方的諸天，身體愈大，壽命亦逐漸增長，肉體條件也愈加殊勝。

還有無色界諸天，係由空無邊處天、識無邊處天、無所有處天、非想非非想處天等四無色天形成。這群天眾都是無色（超越物質）之天，故無住處。在四大王眾天或三十三天中，若因起瞋心或沈迷遊戲之樂而失去正念時，會從天界墮落下來。

北本《涅槃經》卷二十二也列舉四種天：

1.世間天：十方世界一切剎土中，諸大國王住居人世，享受天福，故叫世間天。

2.生天：一切眾生修行五戒十善之因，便受到果報，生欲界天、色界天或無色界天。

3.淨天：聲聞、緣覺二乘斷除諸煩惱，獲得大神通，變化自在，清淨無染。

4.義天：十住菩薩善解諸法要義。

佛是淨天中最尊貴者，故叫天中天，或天人師。

此外尚有地天、水天、火天、風天、伊舍那天、帝釋天、梵天、毘沙門天、羅剎天、日天、焰摩天和月天。

天人命終時，身體必現五種衰相，叫做五衰，即天人五衰。換句話說，欲界、色界、無色界的天人，在壽命將盡時會表現五種異象：①衣服污垢，②頭頂衣冠枯萎，③身體發臭，④腋下流汗，⑤不樂其位等五衰。

經典記載天人歡喜讚嘆佛事，奏天樂，散天花，薰天香，飛行於虛空。常以披掛瓔珞，飛於天空，故叫做飛天。自從印度開始，佛教習慣用它來表現莊嚴。在許多經典裏，有關色界天人的記載並不多見，但欲界六天的記述卻非常詳細。

欲界有火、金、青、赤、白、黃、黑等七種色身光明，清淨微妙，無皮肉筋脈脂血髓骨等，可以任意變現各種長短大小粗細等形象。頭髮柔軟潤澤，牙齒白淨方密，去來行步，無邊無礙，緩急自如，雙眼清澈，久視不瞬。

欲界諸天仍有淫欲，至於淫事方式，夜摩諸天互執雙手；兜率天彼此憶念，化樂諸天相互熟視；他化自在天則須共語；魔身諸天僅須相視。諸天的壽量竭盡時，必是五種衰敗之相，叫做天人五衰。

三九、方式不同，目的一樣

㈠、孔子說：父母在世，要依既定禮節侍奉；死後要依既定禮節埋葬和祭祀。（為政篇）

㈡、孔子說：喪禮與其著重外表的虛文，寧可內心哀悼些。（八佾篇）

㈢、孔子說：我若不能親自參加祭祀，即便有人代替我祭了，我也像未曾祭過一樣。（八佾篇）

㈣、孔子說：弔祭時不哀傷，這種人有什麼可看呢？（八佾篇）

【佛法解說】

孔子祭祀的對象，大體上是天地、鬼神和祖先，而祭拜祖先即是感恩與孝心的具體證明，對死者的感恩念念不忘，其中包括列祖列宗和親生父母，這是中國文化對孝的最好詮釋。雖然，佛陀反對各種祭祀儀式，但不表示他不感激已死的先人。他很重視孝心的周延，那些祖先雖然不在世間，但會儘可能表達自己的追悼和懷念。佛教徒耳熟能詳釋尊出生不到幾天，慈母便逝世，故從他懂事的年齡開始便不曾看過親生母親，真正領悟「子欲養而親不待」的哀慟，因此，在他有生之年特別懷念生母，且追思與感恩之心也比別人強烈。換句話說，他對孝心的周延非比尋常，這可從《摩訶耶經》一段生動的描述中看出來。

某次，釋尊上達忉利天，在歡喜園的波利質多羅樹下，計有一千二百五十位修行者、天龍、夜叉以及其他出家在家徒眾，前呼後擁，結跏趺坐，放射千百樣光明……這時，釋尊命文殊菩薩前往死後已經投生忉利天的聖母——摩耶夫人面前，唱誦下列詩偈：

「偉大仙師釋迦牟尼，成就了一切智慧，
向閻浮提的明星，表示仰慕之忱。
佛陀釋迦牟尼，回想昔日在王宮裏，
生下我來就過世，慈母多麼令人懷念。

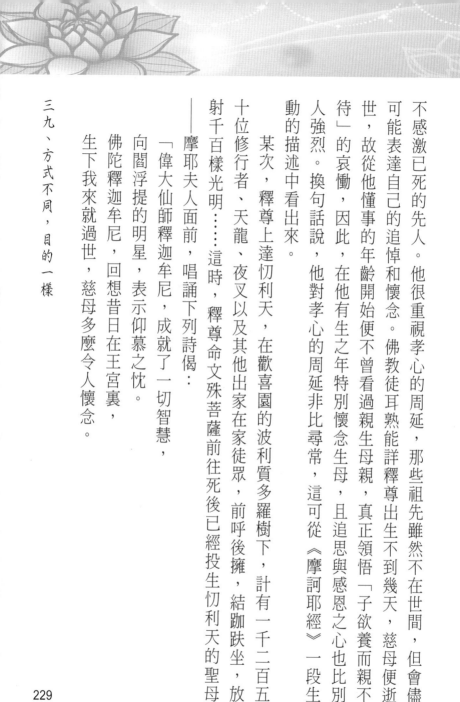

母親現在忉利天，但生後七天的嬰兒，蒙受姨媽的養育，歷經多年才得開悟。這位嬰兒的佛陀，超過了生死大海，要報答聖母的恩情，來到忉利天的園子裏。聖母啊，請您跟著族屬駕臨歡喜園，在花庭裏，拉著手仰望真如之月。」

文殊受命，立刻來訪聖母，並敘及悉達多太子昔日在藍毘尼園的無憂花下，呱呱落地。七天後，聖母逝世；接著說太子成長、出家、修行與成道經過。因為多年來懷念聖母，才弘揚佛法妙旨，想要報答萬分之一的母愛恩情，為了實踐這項淨願，才特地昇天來。

聖母摩耶夫人聽完文殊的口頭報告，臉上現出喜悅，奶水自動流下，突出兩個白蓮花似的乳頭，好似放進佛陀的嘴巴裏。摩耶夫人的母性像閃光般甦生了。眼前無異千葉蓮花，沐浴日光下現出妙姿，她臉上的光彩滾動了三千大千世界，連不合季節的名花也盛開起來。

……頃刻間，文殊引領聖母來到歡喜園。當釋尊遙望自己朝夕夢想的聖母，全身不禁像四大海的波浪般震動了，相別幾十年，母子竟在意外地方相會，況且眼前兒子竟肯捨棄富貴榮華，披著傳道袈裟。釋尊走到聖母面前說：

「聖母呵！人身聚集苦與樂，而人世苦樂都是無常，但最要緊的是脫離無常與生死界的苦樂，修行佛道，抵達涅槃彼岸。」

……聽完釋尊說法，摩耶夫人才領悟宿命的事，接著說：

「世尊，我已經從生死的牢獄裏解脫了。」

這段扣人心弦，如泣如訴的文字，描述佛陀內心對慈母的懷念，並用佛法的妙旨來回報慈母的恩情：如依世間法看，這段內容是虛構的，事實那有可能呢？但不難看出佛陀對已死母親的孝道了。

還有膾炙人口的盂蘭盆會，是出自《盂蘭盆經》的記載，佛弟子目連用天眼通看見母親墮在餓鬼道，皮骨相連，日夜叫苦；目連見了，便用缽盛飯，往饗母親，不料，他的母親因為惡業受報，那些飯菜一到嘴裡皆變成火炎。目連為了拯救母親脫離苦海，便請教佛陀怎樣解救？佛陀指示目連在七月十五日僧自恣日（印度雨季期間，僧眾結夏安居三個月，此日乃夏安居結束之日），用百味飯食放在盂蘭盆中供養三寶，可以有無量功德，才能救出母親。

《盂蘭盆經》說：「是佛弟子修孝順者，應念念中常憶父母供養，乃至七世父母，年年七月十五日常以孝順慈憶所生父母，乃至七世父母，為作盂蘭盆，施佛及僧，以報父母長養慈愛之恩。」

另依《大盆淨土經》記載，瓶沙王、須達居士、末利夫人等也依照目連的方法，造了五百金盆來供養佛及僧眾，以滅除七世父母的罪業。

目連救母的故事，可說完全出乎孔子的思考範圍，屬於佛教的創見，但很符合儒家慎終追遠的觀點，不僅解救死後的父母，甚至追溯到七世的父母親，這也是崇拜祖先的意思。所以《盂蘭盆經》影響中國民間非常深遠，不但要孝順在世的父母，也要追思已死的祖宗。總之，儘管做法不同，兩人的動機卻一樣；延伸孝道而已。

四〇、面對國君，禮節相反

㈠、國君臨朝的時候，孔子恭敬之餘，心中呈現不安的樣子，威儀適當而合禮。（鄉黨篇）

㈡、孔子走進朝廷大門，會顯現極恭敬謹慎的樣子，彷彿沒有自己容身之處。不站在門中間、亦不踩在門檻上。經過國君的坐位時，面色莊敬，步伐加快，好像說不出話似的。提起衣服下襬，向堂上走，斂身且屏息靜氣。出堂、下台階一級，臉色便舒緩些。下完台階，快步走，好像鳥兒舒展翅膀一般。回到自己原位，保持恭敬不安狀。（鄉黨篇）

㈢、……以私人身分和外國君臣會面，才恢復平時和悅的臉色。（鄉黨篇）

㈣、國君賜煮熟的食物，必定將席位擺正先嚐它。國君賜生肉，必定煮熟，然後進奉於祖先。國君賜牲畜，必定畜養牠。陪國君吃飯，在國君舉行食祭時，先為國君嚐飯。自己臥病時，若國君來探視，頭向東邊臥著，身上蓋朝服，拖著大帶。國君下令召見，不等僕人備妥車馬，便立刻動身去應命。（鄉黨篇）

【佛法解說】

在中國，國君被看作天子，即統治天下之主，天子的命令無遠弗屆，擁有絕對權威，世間沒有一個人能跟國君並肩而坐：早在孔子時代的國君地位也許還不至於此，但也在萬人之上，君臣禮數非常嚴格，所謂君叫臣死，不死不忠；孔子學問再好，人格再崇高，也要對國君畢恭畢敬，何況，孔子一向擁護君臣之禮，說到做到，當時對待國君恭敬謹慎極了。這一點由上述可見一斑。在印度，國王大臣都對釋尊及佛弟子相當禮敬，據說連釋尊的父親淨飯王目睹愛子成道的莊嚴法相，也會向佛腳頂禮聽教，遑論王公貴族，都得向佛陀及其弟子禮敬。

《梵網經》提到一條戒律：「出家人的法，不禮拜國王，亦不禮拜父母、六親、鬼神。」《涅槃經》卷六說：「出家人不禮敬在家人。」還有《四分律》卷五十也說：「出家沙門不禮敬天子和父母。」顯然，佛陀對待國君不但不像孔子那樣禮敬，相反地，國君大臣卻會對佛陀恭敬皈依和供養。

《涅槃經》第十七、十八有一段精彩的描述，阿闍世王幽禁父王得到報應，滿身腫瘡，叫苦不迭，心生畏懼，念念不忘未來會有更悲慘的下場。幸好經過一位名叫耆婆的臣子，勸他去請教佛陀怎樣解脫，他與侍眾浩浩蕩蕩到達婆羅雙樹，目睹佛有三十二相、八十種好，法相莊嚴，忍不住頂禮致敬。佛陀慈悲開示，阿闍世王就在佛前繞行三遍之後才離去。從此痛改前非，推行善政，也皈依佛教，成了大護法。

《摩訶僧祇律》第三說，釋尊某年住在王舍城，有一位瓶沙王把一個盜賊的小指砍斷，但內心很同情盜賊，因為國王自咬小指，痛徹心肺，將心比心，很後悔那種刑罰太重，從此陷入很深的自責苦惱中，最後去請教佛陀。

國王到達時，先向佛陀至誠頂禮，之後退坐一旁，坦誠吐露心跡……佛陀聽完國王的懺悔，特地為他說法。國王聆聽佛陀開示後，治癒了苦惱，便向佛行禮後離開，欣然回宮。

《佛說優填王經》說，優填王娶了國內公認的第一美女做妃，三千寵愛在一身，不料，新進妃子還想害死王后。一天，當國王下令部屬用一百枝箭射死王后時，卻看到那些箭只在王后身邊繞了三次，又飛回國王面前落下。國王百思不解，之後忽然害怕了。臣子勸他去請教佛陀到底怎麼回事，他到了精舍先向佛陀頂禮問訊說：

「……今後我想聽從世尊的教喻，虔誠奉獻一切，請世尊慈悲救救我吧！」

佛聽了國王的至誠懺悔，便作開示。國王感動得一邊流淚，一邊向佛陀頂禮三拜後坐下。當國王聽完後，也向佛行禮後才欣然回宮。

《法句譬喻經》第三說，肥胖的波斯匿王天生傲慢，縱情溺慾，眼睛愛看美色，耳朵愛聽佳音，鼻孔喜聞香氣，嘴巴嗜嚐五味，身體愛觸美人。每天吃個不停，幾乎不知肚飽為何事，習慣成自然，吃了很多也仍感不夠，只好令廚子一再做菜，猛吃不停。

國王又缺少運動，結果，身體便臃腫肥大起來，連搭車也為難了。睡覺起床頗多不便！呼吸緊迫，像要斷氣的樣子，嚴重得不能照顧自己……。

國王苦惱之餘，便坐車訪問釋尊，下車後靠侍衛扶持，才好不容易向釋尊作禮問訊；釋尊請國王坐下後，慈悲地給國王開示飲食與健康之道。

國王聽完後，很恭敬地行禮離去。

《師子月佛本生經》說，王舍城迦蘭陀竹園的眾菩薩中，有一位婆須蜜多菩薩，一天，他攀登竹園的綠樹上，發出猴子似的叫聲，搖鈴起舞。來訪竹園的長老和行人以為發生什麼事，紛紛集合到這棵樹下。當大家一聚集在樹下，婆須蜜多又迅速爬到樹梢，讓身體站在高空起舞，同時高聲學猴子叫。耆闍崛山上八萬四千隻金色猴乍聞聲音，都群集起來。這時，他又現出各種變化來娛樂猴群。

眾人看了紛紛指責他說：

「你既然做了比丘，怎能在眾目睽睽下表演幼稚的狂態？你跟獸類為伍，嘴裏還說是比丘，誰會相信你呢？」

這個風聲傳遍王舍城，一位婆羅門便將此事稟告頻婆娑羅王：

「大王！釋迦那群徒眾不知怎麼搞的，近來常跟猴子結伴，手舞足蹈在玩樂。」

他詳述婆須蜜多的千變萬化，國王聽了不高興，立刻把竹園主人迦蘭陀長老叫來問話。長老說：

「婆須蜜多比丘大顯神通讓群猴歡喜，而諸天用天華供養他，什麼原因我就不明白了。」

國王為了這件事，騎象率領群臣來拜訪釋尊。國王來到竹園，下象進去。佛陀正坐在重閣內的七寶花座上，國王從遠處仰望彷佛一座紫金山，金光閃爍，周邊一切全都是金黃色，連站在旁邊的婆須蜜多和八萬四千猴群，也會沐浴在輝煌絢爛的金色裏。

國王在隨從陪同下走到佛面前，恭敬作禮，稟告釋尊說：

「世尊，不知這群猴子有何福德能得此金身，又犯了什麼罪才出來到畜生界呢？婆須蜜多聖者前世修過什麼福德，今世才能出生在長老家庭，置身於佛道裏；他前世又犯了什麼罪，今世出生為人又跟群猴為伍，且被外道嘲笑呢？請您說個明白好嗎？」

釋尊於是敘述了這段來龍去脈。

《法句譬喻經》第四說：一位國王是非不明，恣情任性，荒淫無道，百姓叫苦連天，諸臣諫勸也無效……。

釋尊獲悉此事後，知道國王失去人性，為了救渡他，便率領徒眾來到該國境內。

國王聽說釋尊大駕光臨，就率領群臣迎接，先向釋尊禮拜，釋尊默默接受他的禮敬後，便問國王百姓近況如何？被釋尊一問，國王心有慚意，只好硬著頭皮實話實說，並求釋尊指點。

由此可見，佛陀對國王不像世俗百姓那樣惶恐恭敬，不但態度舉止如此，說話語氣也在溫和中帶著指引和規勸，其所以如此，就是國王知曉佛陀是覺悟者，有非凡的智慧，才能打從心底敬仰佛，而不認為自己是國王、大臣或城主，這事在中國孔夫子時代是不允許的，違反天地君親師的倫理觀。其實，一位教團領袖不必向行政首長禮敬的例證在中外歷史上絕無僅有，這是以德服人，即靠威德感召國君所使然，而這也不是孔子所能比擬的……。

四一、殊途同歸　不朽風範

㈠、孔子說：我小時候貧賤，才學會很多粗俗的事……我不為國家所用，才有空學習這些技藝。（子罕篇）

㈡、孔子說：不怕別人疏忽自己，只怕自己沒有真本事。（憲問篇）

㈢、孔子說：修養自己，再進一步讓百姓得到安樂。（憲問篇）

㈣、孔子說：自己要立身於世，同時也幫助別人立身於世；自己要通達事理，也教導別人通達事理。（雍也篇）

㈤、孔子說：我願老年人得到安樂，朋友們能用信實相交，少年人能得到關懷。（公冶長篇）

【佛法解說】

上文勾勒出孔子的少年境遇，求學目的和未來抱負。前兩項跟佛陀有天淵之別，只有最後一項跟佛陀相似，但也不如佛陀那樣究竟和徹底。

孔子三歲喪父，家境當然很悽慘，幼年就得替人放牧牛羊、看管倉庫，做過各種雜務；為了糊口，很難得有良好的求學環境，直到十五歲才立志向學，努力學習詩、書、禮、樂、易；之後熟知「禮樂射御書數」等六藝，同時品德方面也日新又新，自強不息，。憑良心說，他求學與習藝的動機，無非想謀得一官半職，影響君主，透過行政管道實踐理想，也就是推行仁道政治，讓百姓安居樂業，生活幸福。可惜，仕途多乖，這條路走不通後，只好教書培養人材，但他盡忠職守，竭盡所能教育學生，絕不像今天國內許多的教師把學校教職當副業，課外補習當主業，顛倒職責而不覺慚愧。

反觀佛陀出身王子，幼年生活十分舒服，七、八歲就由父王聘來許多知名學者到宮中指導，求學目的無非要他將來繼承王位，而他自己也不一定懷有壯志雄心想推行仁政。再說王子幼年先從婆羅門教學者跋陀羅，學些語文學的聲明、論理學的因明、宗教學的內明、技藝學的工巧明和醫藥學的醫方明等五種學問。之後向羼提提婆學習梨俱吠陀、沙摩吠陀、夜柔吠陀和阿闥婆吠陀等四吠陀。這是印度最古老的聖典，也是印度哲學與宗教的根源，為知識階級必讀的科目。因為王子天資聰明，很快便通曉梵文、哲學、論理等各種知識，深得師長們的稱讚。

除了這些科目，父王又請了一些著名武師，如毘奢密多羅等，教授王子的武藝，結果也有非凡的進步。例如在某次角力運動賽中，王子的成績壓倒其他貴族子弟……。以上是佛陀出家前求學的過程和目的，受拘於家庭環境，不外凡夫而已，求知為的要當行政首長，統治百姓；故長大後按照習慣結婚生子，準備繼任王位。這是他二十九歲前的生活狀況。之後就是他求道的開始，首先是離宮出走，先訪名師修習禪定，之後修了六年苦行，證悟成佛時，深知自己所證得的無上正等正覺，為前人所未發現過的究竟真理，太深太妙，不是一般無知俗人所能理解；一想到此，據說他有意放棄說法，立即入於涅槃，以免眾生聽了不但不能接受，反而要起毀謗，失大義利。當他正在猶豫時，便有梵天出來勸說，這是許多佛書的描寫，真假不必詳加追究，反正後來為人類弘揚四十年多年真理，將自己證悟所得給天下眾生分享，普及全人類，想使每個人都能體悟真理，過自由幸福的生活。例如佛陀得道不久，離開伽耶山的金剛座，前往迦尸城途中，遇到一位外道叫優波伽，對方目睹佛陀寶相莊嚴，神采奕奕，忍不住十分讚嘆，佛陀聽了說：

「我已從一切眾生界的幻象中解脫了，得到微妙深邃的佛法，身心淨如琉璃，我覺悟的正道，既無老師亦無同學，完全靠自修證悟。我現在要去波羅奈，向所有天人和魔眷示現緣起的大力，並喚醒沈睡的眾生。」

儘管孔子與佛陀的出身背景和求學求道的過程不一樣，但都不為自己，志在利益別人，這方面是一致的，即范文正公「先天下之憂而憂，後天下之樂而樂」的胸懷沒有兩樣；孔子志在「博施濟眾」，而佛陀高唱「普度眾生」，兩人都不獨享自己的知識與智慧，不在乎物質生活的貧困，一心一意為別人的幸福著想，無疑是千古不朽的典範。從世間法說，這是兩人的相同作風；若進一步分析時，孔子想幫忙別人現實生活幸福，包括家庭倫理、為人處事和社會國家等範疇，而佛陀不只重視這些，還能教示人生最究竟的解脫之道，即離苦得樂的出世間法，這一點也是古往今來所有思想家、哲學家和宗教家所不能教的，但願學佛的人能夠悟解這一點。

四二、報怨方式看出功力

有人問：用恩惠回報怨恨的方式怎樣呢？孔子說：那又該用什麼去回報有恩德於你的人呢？應該用公正回報怨恨，用恩德回報恩德。（憲問篇）

【佛法解說】

孔子主張「以直報怨」，算是相當高超的道德水準，就某方面說，也是不按牌理出牌；原因是，在正常情況下，被人欺侮或毆打，受害者都會以牙還牙，一則消除心中的怨氣，二則保衛自己是生物本能；若不能這樣，也許對方會得寸進尺，迫使自己活不下去。所以都會還以顏色，而很難用公正回報怨恨。至於「以德報怨」，無疑是一種逆向操作，表面上彷佛自己太吃虧了，太沒用了，其實領悟因緣法的人，便有這種胸懷和智慧。誠如佛陀說：

「他人罵我、打我、擊敗我、掠奪我；如果對他懷怨恨，怨恨便不能息滅。」

「他人罵我、打我、擊敗我、掠奪我；如果對他不懷怨恨，怨恨自然會息滅。」

「在這世界上，決不能以怨恨止息怨恨，惟獨無怨恨才可以止息，這是永恆不變的真理。」

以上摘自《法句經》三、四、五則，雖然沒有明白開示「以德報怨」，但也暗示了它的根據與重要。如果明白出世間法，便知怨怨相報，三世因果，永無休止；若能以德報怨，除了能止息怨恨，還能種下善因，以後反而得到更多善報，而這才是轉悲為喜，化解怨恨，再生善緣的最好方法。《佛說申日經》有下則可以佐證。大意是：

某年，釋尊住在王舍城靈鳥頂山，有一外道師徒叫不蘭迦葉和申日，想盡方法要陷害佛陀。一天，他倆先在自家門前挖掘一個五丈深的洞穴，裏面放火，上面鋪著薄土，同時準備含毒食物，要招待佛及佛弟子來供養。申日有個次子叫月光童子竭力阻止，勸諫父親說：

「佛是有一切智慧的聖人，能知過去未來，凡事都一清二楚，這種預謀更難逃法眼，如果不快改過，一定會受到惡報。」

無奈，申日不聽勸告，依照原計畫去迎請佛陀光臨，當佛率領徒眾到達申日的住處，一進門，踏上火坑時，火坑竟然不可思議變成浴池，七寶莖上開出千葉花瓣，如同車輪大小的蓮花，跟著佛的步伐綻放，凡被菩薩和羅漢踏過的花，也都開出五百片葉子。申日看到這種變化，大驚失色，慌忙跪下向佛禮拜。佛進入屋內，眾菩薩和眾羅漢也各就各位。申日稟告佛說：

「真對不起，備妥的飯菜全都有毒，讓我再換乾淨的飯菜來好好招待，表現我的誠意。」

佛卻回說：

「不必了，儘管把放毒的飯菜擺出來，我們會照吃下去。」

申日戰戰兢兢端出有毒飯菜來，只見佛口中念念有詞，剎那間便讓那些毒飯毒菜變成色香味美的食物了。且芳香撲鼻，大家吃得很歡喜，身體也很安康。佛吃完後，申日不禁問說：

「佛神通自在，深知過去未來，洞悉世間萬物，諒必早已明白我的詭計。」

佛說：「我當然早已知道你的陰謀，不過，我要用這個機緣來教化你。」這即是佛的智慧與慈悲。

申日馬上起身禮拜說：

「我現在好像睜開了眼睛，知道佛用一切方法救度眾生，我本來要陷害佛，而佛並不介意，反而當做救度我的手段，我不會因此犯罪，還能得救，始知佛的智慧與慈悲太浩瀚了。」

佛又向大眾說：

「即使有人叛變佛，甚至想陷害佛，結果也都被救了，何況信佛與學佛的人，更會得救的。」

可見想害佛的人，只要改邪歸正，也能得佛救度，而這就是「以德報怨」的實證。

《雜譬喻經》有下則記載也類似，大意是：

某地有兄弟兩人，他們的父親臨終前，再三交代哥哥說，弟弟年幼無知，今後要好好愛護，不要讓他受飢寒之苦。哥哥含淚答應了。不料，父親死後，哥哥的妻子常常在丈夫面前說弟弟的不是，尤其怕弟弟將來多分遺產……。起初哥哥充耳不聞，無奈，妻子不斷嘮叨，不久也受了影響。一天，他帶著幼弟到人跡罕到的深山，將他綁在一棵樹下，因為不忍心親手殺他，便想讓他去餵虎狼。他對弟弟說：

「你平時不聽話，我現在要罰你在這兒過一夜。你得忍耐，天亮時我再來接你回去。」

哥哥說完後自行離去。不久，夜幕低垂，到處傳來角鷹、鳶鳥、狐狸和狼的叫聲。弟弟很害怕。但沒人來相救。這時不禁仰天哀嘆哥哥太無情，不知到底為什麼？佛感應到他的哀求，便放出「除冥」的光明，照亮山林，之後又放「解縛」的光明，鬆開了弟弟身上的繩索，連身上的痛楚也消失了。接著，佛大放「飽滿一切」的光明，使弟弟免於飢餓。這一來，弟弟恢復了希望，他稟告佛說：

「我想成佛救度世人，就像佛陀今天救我的樣子。」

此後，這個孩子起了勇猛的求道心，而佛也慈悲為他說法，終於證得無上的覺悟。一天，他稟告佛說：

「我哥哥的心術很壞，竟敢不聽父親的遺訓，想要害死我，結果讓我因這個緣而見到佛，使我了斷生死苦惱。所以，我想回去感恩哥哥和嫂嫂。」

佛聽了很感動，便用神通送他回去。哥嫂一看弟弟回來，羞愧難當，不敢抬頭。弟弟說：

「雖然你們一心要害我，把我丟棄在森林裏餵狼，結果使我成就了現在的修行，所以，你們是我的大恩人。」

之後，弟弟為哥嫂說法，藉機救度了他們。

「以德報怨」讓人匪夷所思，但它是人間最崇高的德行，最慈悲的心態，也是徹底消除仇恨的不二法門，遠比「以直報怨」要偉大。

別人對我好，我對他好；別人對我不好，我也對他好，怨親平等，沒有分別心，正是它的詮釋。

四三、鄉愿隨緣 南轅北轍

孔子說：鄉愿是殘害道德的敗類啊！（陽貨篇）

【佛法解說】

鄉愿是指外表圓滑，內心奸詐的人，即俗語說面面俱到，見人說人話，見鬼說鬼話，其實內心是十足小人。他們不問是非，沒有原則，只看利益，甚至犧牲眾人利益也在所不顧，可惜一般人不知他的真面目，反而把他當好人看。例如某些民代，大小通吃，隱身黑白兩道，都是鄉愿的典型。

有些人也許誤解佛教的「隨緣」即是「鄉愿」，果真如此，可說罪過大矣。隨緣是隨順因緣，或順應機根之緣而定行止。例如《華嚴經・盧舍那品》：「聞三世諸佛，具足尊名號，隨緣起佛剎，音聲不可盡。」此外，也指真如之理體寂然不動，但它有依外緣而變化顯現萬象之作用，這是佛教辭典的解說。

說得淺顯些，佛教的隨緣是有變與不變，目的或原則絕對不能變，但手段與方法可依情況而變化，視時間、空間與狀況不同而不同，也就是用善巧方便來達到目的，且目的與原則絕對善良，跟邪道相背；例如《佛本行集經》第五十二有一段記述就是好見證。

有一外道叫波離婆闍迦，每隔五天舉辦一場盛大演講會，弘揚該團的教法與理念，結果吸引許多人來，深受當地百姓的尊敬，也得到豐富的供養。

摩伽國的頻婆娑羅王是很虔誠佛教徒，耳聞外道這種擴張勢力的方法有效，便想自己何嘗不能效倣他們呢？於是擬聘請釋尊和佛弟子們來參加，老百姓若知國王也來聽法，必定會熱烈參與，這樣不但能興隆佛教，也會有更多人供養佛弟子，當然會使釋尊得到更多尊敬。

國王把計畫稟告祇園精舍的釋尊，釋尊聽了很贊成，馬上召集徒眾，宣佈這項計畫，同時提示要點與做法。弟子們歡喜之餘，即刻付諸實行。

他們每隔五天，就聚集群眾讚嘆佛的德行，並解說七覺道分的功德。因為常辦盛大的演講會，才逐漸吸引愈來愈多的人。不料，有一次聽到有聽眾指責說：

「師父們為什麼要同聲讚嘆同樣的事情呢？就像小學生合唱一樣嘛！」

佛弟子聽了就去稟告釋尊。

釋尊聽完報告，便警告他們說：

「你們同聲說法的效果不好，以後大家不要同時出聲。你們有人的口才比較好，不妨推選他出來說法。」

不久，聽眾批評說法者的戒行不佳，德薄淺能，知識粗俗，又嘲笑演說內容空洞，不斷指責說：

「連說教的老師都是傷風敗俗，比我們還要糟糕，儘管他說得頭頭是道，也不值得去聽，不要浪費時間。」

風聲傳到釋尊的耳朵裡，弟子們請教對治的方法。釋尊立刻接受批評，同時吩咐說：

「以後，諸根不淨不能嚴守戒律者，不許向群眾說法，要選出有修行者來演講。」

接著，釋尊又補述：「最好選出知法又有辯才，同時悟解《阿含經》者來說。」

釋尊並指示說法的細節，例如在宏法講堂誦經、實踐戒行，讓口才、知識俱佳者演講，許多聽眾感激之餘，紛紛散花致敬。佛弟子只接受供養，卻拒絕散華（花）。原因是釋尊以前嚴禁徒眾塗香抹香，不許持各種香氣的花髮飾。不料，聽眾又開始指責說：

「這群法師不接受香花，很不近人情哩！」

釋尊獲悉此事，便開示徒眾說：

「只要他們歡喜至誠供養香花、塗香或花髮飾，你們都可以接受。」

後來，大眾又供養各種資源財寶和袈裟，佛弟子惶恐之餘，有意拒絕時，又聽他們批評：

「連這一點小東西都不接受，如果布施更多更好的東西，恐怕會更拒人於千里之外。」

釋尊聽了便吩咐佛弟子說：「如果他們歡喜供養財物和袈裟，不妨收下來；倘若用不著，就還給他們。」

這一來，說法者與聽眾存在的問題紛紛迎刃而解。誰知不久又有聽眾埋怨宏法師的聲音太小，聽不清楚；釋尊吩咐設置高座，讓法師在座上說法。

有一次，兩位法師同時在一座講堂內說法，聲音交錯，聽眾很困擾。釋尊又吩咐建造兩座講堂，在不同的地方說法。不料，這反而讓聽眾來往奔波，秩序大亂。

釋尊知道後，吩咐不許兩人在同一講堂說法，也不讓兩堂接近，更不許雙方各用手段誘惑聽眾，產生互相排擠的現象。

演講會逐漸擴大和發展，聽眾日益增多，堂內幾乎爆滿，盛況空前，佛教團的教義也開始擴張了。有時候，沒有人演講，便改由誦讀經文代替說法。可是，誦經有時會發出不自然的怪聲，音調悲哀，好像唱俗歌，怪調源源從高座上傳過來。誦經人自鳴得意，甚至相互競賽，鏗鏘有聲，保持旋律。有人聽了便批評：

「這樣說法好像唱俗歌，很不妥當。法師剃髮又披袈裟，何必要模倣難聽的歌聲呢？他的聲色和全身擺動的低俗姿態，令人看了作嘔。」

佛弟子聽了又請教釋尊，於是，釋尊開示：

「你們不許用俗歌方法來教導高貴的真理。這樣會有下列弊端：①自己也會被粗俗歌聲感染。②聽眾會生起污穢心，而蔑視佛法。③誦經人為了發音煞費苦心，反而失去該講的經意。④俗人聽了會指責。⑤這種歪風傳承會讓人誤解說法人的作風。

因此，要禁止用低俗歌唱來說教。此外，你們各自保持身、口、意三業的清淨，依照教法來教化群眾，才不會引起以上的批評。」

之後，他們的說法果然沒有遭人非難，而深受歡迎了。

把眾生利益擺前端，自己設法去迎合和引導；方式有多種，但要方便活用，不能脫離最終目的。反之，鄉愿是自私自利，八面玲瓏，一切為自己；不說孔子不屑，連佛陀也會哀嘆「此輩難度矣」。

環視周遭的鄉愿實在太多，既不願得罪百姓，又不堅持公理原則，逢上迎下，最後仍是為自己，致使大家都被迷惑了。

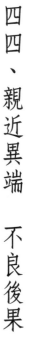

四四、親近異端　不良後果

孔子說：研究聖道以外的邪道，那就有害了。（為政篇）

【佛法解說】

孔子對異己者頗有寬容心，他說：「道不同，不相為謀。」（衛靈公篇）君子和而不同。」（子路篇）意指「你走你的陽關道，我走我的獨木橋」，倘若只想自己生存發展，而不讓異己活下去，結果一定不得安寧，事實上也做不到。娑婆世界一向佛魔共處，正見與邪道同時存在，因為芸芸眾生千差萬別，所謂「一種米養百種人」，有時真理明明擺在眼前，卻有人始終視若無睹，反而盲信邪知邪見，怎麼也清醒不過來，至死方休，實在可悲。有些人還好些，只要有善知識指引或點破，他們也會覺悟，知錯能改，甚至放下屠刀，立地成佛，再好不過了。

依佛教徒看來，旁門左道即是異端，所有不信因緣果報都是異端，都值同情，也都要救度，但絕不排斥或消滅他們。一切憑理性去溝通、勸導和辯論；既不「鴨霸」，也不強人所難。倘若對方不聽勸告，只有讓他（她）自食惡果。所以，佛陀只用慈悲胸懷去包容他們，盡力去救度他們而已。《賢愚經》第十一有下則例證，大意如下：

舍衛國波斯匿王手下有一位聰明富裕的大臣，生下一個男孩既健康活潑，又非常聰明，占卜師說他具足福相與智慧，故給他取名為「無惱」。

無惱到了青年期，力大足以匹敵一千人，經常到荒郊玩耍，捕捉飛鳥走獸也不費吹灰之力，英勇豪邁人人稱讚。

當時有一婆羅門既能博覽三經，又通曉五典，隨問隨答，聰慧絕頂。上自國王，下至百姓，都很尊敬他，門徒也有五百多人。無惱的父親便偕同兒子央求他當老師。

婆羅門樂意收無惱為門下，認真教導他，經常帶他出門，便於指導各種學問。不料，婆羅門的妻子很愛慕無惱，三番兩次想向他吐露愛意，奈何沒有機會，只好壓抑自己的單戀之情。

一天，婆羅門接受一位門徒供養，留下無惱在家陪伴師母。於是，她竭盡挑情之能事，百般妖媚來勾引無惱，無奈，對方堅決拒絕，使師母老羞成怒，暗中設計要除掉無惱。

婆羅門回家後相信妻子的話，想出一條惡計。他告訴無惱說：「你若在七天內，斬殺一千個人頭，取下一千根手指做假髮，梵天會下凡來祝賀你，而你的業報是死後往生梵天。」

無惱半信半疑，婆羅門又強調你若不聽老師的教導，師生關係就要結束，不讓無惱留下來。只見婆羅門滿臉忿怒，一面念咒，一面將一把刀丟在地上。此時無惱突生惡念，失去理性，撿起刀就飛奔出去。他眼睛充滿殺機，披頭散髮，昂首闊步，彷彿一個羅剎鬼，到了街上不分男女，見到就砍殺，同時取走一根手指。

百姓們驚慌亂叫，紛紛躲在家裏，稱他為指鬘。七天內殺了九百九十九人，也得到死者的手指，差一根就有一千隻了。這時，城內居民不敢外出，他為了要再殺一個人，煞費苦心。他把九百多根指頭編成假髮掛在身上，又腰站在路上等候，如有人來便殺掉好湊足一千個人頭。

不久，他母親送飯來了，無惱揮刀要殺她，母親罵他中了邪魔，兒子卻不聽教訓。母子倆正在路上爭執時，釋尊洞悉一切因緣始末，便化身一個和尚走來勸他說：

「我得了無礙自在，你卻被惡師的邪教騙了，顛倒了善心，以致安住不下來。你晝夜殺人，作惡多端，難道不明殺人的果報嗎？快些清醒吧！」

釋尊一番教誡，他的邪念立即消失，同時跪下懺悔；聽釋尊為他說法，之後恢復善心，清淨了念頭。

除了不迫害和消滅異端，也不宜親近或投靠它，否則會受到污染而失去理性，結果害人害己，十分恐怖。

《長阿含阿㝹夷經》有一段話描述佛陀遇到異端外道的公開挑戰時，不避不懼，勇敢面對，沈著應付，最後邪不勝正，間接彰顯了正道教法。其大意是：

有一個名叫波梨子的外道，常常對人大言不慚說自己在智慧、神通與威力方面都比佛陀強得多，尤其神通更非佛所能及，總想找機會跟佛公開較量一番……。

佛陀聽到後，便毅然接受挑戰。佛陀率領徒眾到波梨子的居處時，誰知他早已聞風逃走了。這時，看熱鬧的群眾不肯離去，商量結果，派一名叫遮羅的外道去轉告波梨子快回來一決勝負。藏在森林裡的波梨子還嘴硬說：「好，我會趕回去。」但他沒有動身的意思，遮羅再三催促，他責備他無知，最後遮羅便嘲笑他說：

「你像一隻野狐狸，常常跟在獅王後面走，撿些牠吃剩的餘渣來吃。獅王習慣早晨從穴中出來，連吼三聲，威風凜凜，雄視四方，飛禽走獸無不害怕；待牠找到了食物，飽吃一頓，才高興地返回森林。有一次，野狐狸模倣獅王吼叫，發出的卻是野狐聲，結果什麼也沒得到……。」

佛陀不會逼他，非讓對方難堪不可。總之，對付異端、外道、邪見或不同的聲音，得饒人處且饒人，給他（她）反省的機會。凡事因緣無常，誰也不能確定他（她）會改變執迷或錯誤下去，總要網開一面才不失好生之德。

四五、小異之一，完全相反

㈠、孔子說：在守喪三年內，能不改其父親生前所為，可說是孝了（學而篇）

㈡、父母在世的時候，做子女的不可出遠門；如果要出遠門，必有一定的去處。（里仁篇）

【佛法解說】

孔子與佛陀都深受當時和後代人的敬仰，立言立德，永垂不朽；照理說，對於為人最基本與最重要的品德——孝行，應該都非常重視。沒錯，兩人都對它有生動與廣泛的解說，也很重視，但著眼點大同小異，而小異之一卻是相反。別說釋尊早在父王在世時，就離宮出走，到處訪仙學道，父王傷心之餘，也不知他的行跡在何處？之後釋尊修苦行，持續六年，父王知悉後苦勸，他也不回來；若依孔子的觀點，無疑是大逆不孝。其實就一般世俗來說，婚後有了家庭，必須負責養育妻兒的責任，如果上有父母，也不能棄之不顧，何況好端端的世襲家業也不要，實在說不過去。但話說回來，有些非凡事業，不比等閒，如果硬要循規蹈矩，一代傳一代，聽順老人家的意思，反而失去革新或開創的生機，所以非要有驚天動地的勇氣，和不尋常的鬥志不可。這一來，恐怕就要遭到父母的反對了。例如釋尊當年離宮出走，當然得不到父王的同意，否則，就不必出此下策，夜半出走了。

佛陀成佛證道之後，照世俗來說，當初的目標如願完成，應該回宮侍候父王，繼承王位才對，然而，釋尊有了菩提心，慈悲天下眾生，立志救度他們出離苦海，結果到處奔波，講述解脫之道，何曾有個固定住處，讓父王知曉，或讓父王安心呢？但是，佛陀在這方面的觀點不同於孔子，別說自己不曾這樣做，反而勸導有緣人出家修道，即使對方的父母在世也一樣，只要當事人有此認同，覺得有出家的必要，並在父母親同意下，就可以出家，甚至出遠門修行或傳教。例如佛陀初轉法輪，度了五位比丘後，就常帶他們行化在嗕羅迦河沿岸一帶。

一天，當佛陀在河邊漫步時，一位名叫耶舍的年輕人目睹佛陀的法相莊嚴，便恭敬地向佛坦述自己的苦惱說：

「我是迦尸城俱梨迦長者的獨子，家境富有，但天天生活在聲色名利中很苦悶，請你救救我好嗎？」

原來耶舍家有歌妓，某夜耶舍醒來一看，那群歌妓都像死屍般雜睡一起，男女污穢的醜態，令他生起厭惡，因而啟發他的慧根，也造成他惶恐的心情。佛陀於是慈祥地用手撫摸他說：

「善男子，你不要煩惱，這個世界是虛幻無常的，自己的身體都靠不住，那能要求別人來順從自己呢？你放下一切吧！我是你所知道的佛陀啊！」

耶舍聽了佛陀的法音，感動得流淚，跪在地上懇求佛陀准許他出家。佛告訴他說：

「你現在應該回家，別讓父母著急掛念，出家不是離開家庭才叫出家。倘若身體出家，而心卻不忘名利，這不是出家。如果身著瓔珞，而心地光潔，降伏了狂亂煩惱，且能以真理教化眾生，這才叫出家，你要出什麼家呢？」

耶舍說：「我已明白出家的意義，請佛准許我出離煩惱之家，做一位真理的傳播者，皈依佛陀的一個弟子。」

佛當下允許他的懇求，而耶舍也是第一位皈依三寶的佛弟子，繼五比丘之後的第六個佛弟子。

再說耶舍的父親俱梨迦長者為了找回兒子，渡河來到佛的住處，問佛「看到我的兒子嗎？」

「你坐下來，待會兒一定能看見你的兒子。」佛說。

「你的威儀相好，必定是位大人物，一定不會撒謊。」長者在佛前坐下來。

於是，佛對他開示許多法理，長者感動之餘，也皈依了佛陀，做一個在家弟子，他是第一位優婆塞。長者見到耶舍後，贊成他出家。次日，耶舍的母親也來皈依，成為在家的第一個信女。後來耶舍的親友共有五十五人皈依佛，成為出家的佛弟子，這一來，形成六十名出家眾的龐大教團。

嚴格說，出家不但出遠門，且居無定所，處處無家處處家，連父母也不知他（她）在那裏，顯然不同於孔子的孝道，何況守喪三年不做別的事，對出家子弟也做不到……

佛陀第一次回故鄉迦毘羅衛國，隨緣方便說了幾次佛法，菩提種子逐漸在國人心中萌芽，跟隨淨飯王的人，和釋迦族的王公子弟也都想披剃出家。

淨飯王是佛陀的父親，他有三位王弟，一名白飯王，一名甘露飯王，一名斛飯王，每位王弟各生有兩位王子。自從佛陀回國以後，白飯王的王子提婆達多和阿難，甘露飯王的王子阿那律，斛飯王的王子跋提和提婆等，首先生起要跟隨佛陀出家的念頭。尤其，阿那律王子聽了佛陀的教示，佩服得五體投地，便把內心的想法告訴跋提王子，不料，對方也有相同感想，其餘諸王子都很贊成，最後決定一同出家做沙門。當然，佛陀很歡喜目睹他們出家，從此他們安然過著僧眾的生活。

有一天，當佛陀的兒子羅睺羅來到尼拘陀樹林時，佛陀吩咐舍利弗為羅睺羅剃度，讓他先當小沙彌。這時，淨飯王和佛陀的妻子耶輸陀羅都還在世，經過一番解說，獲得父王和妻子同意後才讓羅睺羅出家⋯⋯。

若依孔子看來，這群王子和羅睺羅都很不孝，可見這一點跟佛教的差別很大，甚至相反。

某年，當佛陀在毘舍離國說法，迦蘭陀村有位長者偕同獨生子須提那，來到佛陀說法的講堂附近，耳聞佛陀正在說法，父子倆順便去聆聽。誰知道須提那聽完佛法後，十分感動，很想依照佛陀的教戒，淨化自己的生活，提升精神境界，便央求佛陀讓他出家。佛陀對他說：

「你的發心很好，不過，你應該先徵求父母親允許，才能在我的僧團中得度；如果你已經結了婚，你還須得到妻子的同意才可。」

須提那聽了回家要求父母親准許，不料，父母不願膝下惟一的兒子離去，且他已有妻室。這一來，須提那開始絕食，他說如果不讓他出家，就絕食餓死。父母和妻子看到須提那出家的意志非常堅決，為了不讓他無謂地死去，只好無奈地允許他出家，須提那也就如願歡喜地出家作了佛弟子。

走筆至此，順便提到一則禪話供讀者們思考：

有一位黃檗禪師認為出家後，「必須放棄恩情，達到無為時，才是真實的報恩」，因此，過了三十年禪者生活，從來不曾回到俗家探望親人，但他內心深處非常記掛年邁的母親。五十歲時，在一次參訪旅途中，不自覺就往故鄉的方向走去。

母親也思念出家的兒子，可是毫無音訊，每天從早到晚哀傷哭泣，把眼睛都哭得失明了。為了想念兒子，母親在路旁設了個施茶亭，不但親自招待過往的雲水僧，並且迎到家中，為他們洗腳，以示禮敬；另外還有一個原因，就是黃檗禪師左腳上有顆大痣，她眼睛雖瞎，但希望憑萬分之一的洗腳機遇，或可認出誰是他的愛子。

這一天，黃檗禪師也接受了母親的招待，他一邊讓母親洗腳，一邊向母親述說佛陀出家的故事，希望母親能因此得到信仰、安心。黃檗禪師只將右腳給母親洗，卻不把左腳給母親洗。

黃檗禪師接連兩次返家，雖然覺得難捨難分，但還是忍痛起程雲遊行腳，繼續參訪。鄰居們知道這個事實，心中不忍，告訴他的母親說，那個向你講述釋迦出家的人，就是你經常盼望的兒子。

母親聽後幾近瘋狂似地說：「難怪聲音好像我兒。」說後就追上去，一直追到大河邊，不巧，這時黃檗禪師已經上船，而且船也開動了，母親情急的跳到河裏，非常不幸的淹死了。

黃檗禪師站在對岸看到母親失足落水溺死的情形，不禁悲從中來，慟哭著說：

「一子出家，九族升天；若不升天，諸佛妄言。」

黃檗禪師說後，即刻乘船返回，火葬母親，並說偈曰：

「我母多年迷自心，如今華開菩提林，
當來三會若相值，歸命大悲觀世音。」

黃檗禪師說偈的時候，鄉人都看見他的母親在火焰中昇空而去。

（錄自《星雲禪話》）

佛光山星雲大師對這段話有精闢的解釋，大師說孝順有三：㈠小孝，甘旨奉養。㈡中孝，光宗耀祖。㈢大孝，度其靈識超昇。所以，禪師度母乃大孝中之大孝也。

幾年前，台灣中部某禪寺發生兒女出家跟父母親爭鬧的風波，由於人數多達二、三十人，引起社會人士的注目，尤其惹起當事人父母的憤怒，而造成重大的社會問題，若以事論事，出家兒女和父母親雙方都沒有錯，錯在禪寺沒依照佛陀的教誡，出家須經父母同意與諒解才准予披剃，豈能讓一大群父母矇在鼓裏，令他（她）到處找不著兒女而擔憂？禪寺尤其不能打妄語，硬說方便剛出家者安心修行，而向他們的父親謊稱不知情，也不在此，但依佛教徒看來，只要父母親准許，出家離開父母不算不孝，而是大孝。

四六、兩人都有所「不談」

孔子不談論怪異、勇力、悖亂和鬼神的事。（述而篇）

【佛法解說】

佛陀自從證悟以後，直到婆羅雙樹下涅槃為止，馬不停蹄地弘法四十多年，期間閱人無數，說話多得數不清，但也有些是佛陀所不願意說的，寧可沈默不答，讓對方知難而退。不懂佛法的人，總以為佛陀什麼事都知，且辯才無礙，那有事情不願意說的呢？其實，那些戲論不值一談，跟離苦得樂，究竟解脫扯不上關係。

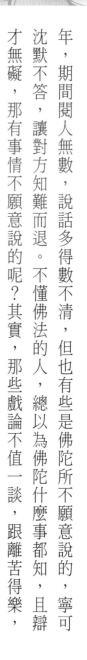

膾炙人口的例子是：一個名叫鬘童子的弟子曾以十條形而上學方面的問題請教佛陀，並要求佛務必回答。這段話出自《中阿含．箭喻經》或巴利文《中部經》之十三：

某日，鬘童子午後靜坐時，忽然起身走到佛的精舍，行過禮後坐在一邊，然後問佛說：

「世尊，我正在獨自靜坐，忽然起了一個念頭，有些問題世尊都不曾解釋，或將它擱在一邊，甚至予以摒斥。這些問題是：宇宙是永恆的，還是不永恆的？是有限的，還是無限的？身與心是同一物，還是身是一物，心又是一物？如來死後尚繼續存在，還是不再繼續存在？還是既存在亦（同時）不存在？還是既不存在亦（同時）不存在？這些問題從未聽世尊給我解釋。這個態度我不喜歡，也不能領會，我要向世尊問個明白。如果世尊給我解釋，我就繼續在座下修習梵行。如果不肯解釋，我就要離開僧團到別處去。如果世尊知道宇宙是永恆的，就請照這樣給我說明。如果世尊知道宇宙不是永恆的，也請說個清楚。如果世尊不知宇宙是永恆或不永恆，那麼，不知道這些事情的人，不妨直說：『我不知道，我不明白。』」

「鬘童子，我從未對你說過：『來，鬘童子，到我座下來學習梵行，我為你解答這些問題。』」

「世尊，從來也沒有。」

「那麼，鬘童子，就說你自己，你曾否告訴過我：『世尊，我在世尊座下修梵行，世尊要為我解答這些問題。』」

「也沒有，世尊。」

「就拿現在來說，鬘童子，我也沒有告訴你『來我座下修習梵行，我為你解釋這些問題。』而你也沒有告訴我『世尊，我在世尊座下修梵行，世尊要為我解答這些問題。』既然是這樣，你這愚蠢的人呀！是誰摒斥了誰呢？」

「鬘童子，如果有人說『我不要在世尊座下修習梵行，除非他為我解答這些問題』，此人還沒有得到如來的答案就要死掉了。鬘童子，假如有一個人被毒箭所傷，他的親友帶他去看外科醫生。假如當時那人說：『我不願把這箭拔出來，要到我知道是誰射我的，他是剎帝利種（武士）、婆羅門種（宗教師）、吠舍種（農商），還是首陀羅種（賤民）？他的姓名與氏族；他是高是矮還是中等身材；他的膚色是黑是棕還是金黃色？他來自那一城市鄉鎮。我不願取出此箭，除非我知道我是被什麼弓所射中，弓弦是什麼樣的？那一型的箭，箭羽是那種毛製的；箭簇又是什麼材質所製……。』鬘童子，這人必當死亡，而不得聞知這些答案。鬘童子，如果有人說『我不要在世尊座下修梵行，除非他回答我宇宙是否永恆等問題』，此人還未得如來的答案就已告死亡了。」

接著佛即為鬘童子解釋，梵行與這些見解無關。不論一個人對這些問題有何見解，世間都存在生、老、壞、死、愛、戚、哀、痛、苦惱。「而在此生中，我所說法可滅如是等等苦惱，是為涅槃。」

「因此，鬘童子，記住我所解說的都已解說了。我所未解釋的即不再解釋。我所未解釋的是什麼呢？宇宙是永恆？是不永恆？等十問是我所不回答的。鬘童子，為什麼我不解答這些問題呢？因為它們沒有用處。它們與修煉身心的梵行根本無關。它們不能令人厭離、去執、入滅，得到寧靜、深觀、圓覺、涅槃。因此，我沒有為你們解答這些問題……。

那麼，我所解釋的又是些什麼呢？我說明了苦、苦的生起、苦的止息和滅苦之道。鬘童子，為什麼我要解釋這些？因為它們有用。它們與修煉身心的梵行有關連，可令人厭離、去執、入滅、得寧靜、深觀、圓覺、涅槃。因此，我才解釋這些法。」

我不厭其煩引述這段長文，旨在說明佛陀從不說與身心修持無關的廢話，跟孔子不說「怪、力、亂、神」的態度一樣，相當務實，只說有益修養、提升人格、利益民生和社會安全的話。他們之所以偉大，讓世人永遠懷念的理由完全在此。倘若一輩子廢話連篇，難道會令人敬愛嗎？

四七、兩人都有「一」，涵義不相同

㈠、孔子說：參啊！我所講的那些道理，可用一個道理將它們貫通起來。（里仁篇）

㈡、孔子說：賜啊！你以為我是個博學強記的人嗎？子貢說：正是，難道不是這樣嗎？孔子說：不是，我是用一個道理把它貫通起來的。（衛靈公篇）

【佛法解說】

《論語》中兩次提到「一以貫之」，實在有意思。那麼，孔子的中心思想是什麼呢？既然他到處講學，宣揚理念，竭盡所能向諸侯勸說，到底主旨在那裏？如果熟讀《論語》和儒家弟子的作品，便知「仁道」而已，那就是孔子所謂「一個道理」，或整個理念精髓了。

佛陀證悟之後，從初轉法輪向五位比丘說法開始，直到八十歲涅槃，東奔西跑為眾生說法，長達四十多年，他的教法精髓或中心教義是什麼呢？說真的，只有「緣起」而已。所謂三藏十二部，表面上浩瀚龐雜，殊不知都在闡述緣起性空，或因緣生因緣滅；萬物無常，都沒有實相，所以不要執著，亦能解脫苦惱。

佛教徒耳熟能詳舍利弗與目犍連原為外道刪闍耶的弟子，由於兩人非常聰明，對自己所學總覺不夠完滿，不夠究竟，後來都離開了刪闍耶，另尋解脫之道。兩人私下約好：「誰若先遇到究竟解脫的良師，即應通知對方，以便相攜去皈依。」當時，他們各有一百名弟子，未遇佛陀以前，他們都自以為世間再也沒有比自己更聰明的人了。

一天，舍利弗在王舍城街上，遇見一位佛弟子阿說式，他是鹿野苑五位比丘之一，目睹他沿街乞食時威儀溫文與肅靜，一看便知是有實修的人。舍利弗好奇，有禮地走過去問他：「請問你住在何處？親近那位老師？他教些什麼道理？」

阿說式立刻謙虛作答：「我住在竹林精舍，是佛陀的弟子，家師所教的道理甚深微妙，我只能了解一點點，那就是：『諸法因緣生，諸法因緣滅；諸行無常，是生滅法；生滅滅已，寂滅為樂。』」

舍利弗聽了十分受用法喜，因為這正是自己想要找尋的真理，而今始知一切萬物既不是天作，亦非人為，而是從因緣所生，也從因緣而滅。這啟示了他「無我」的智慧，斷除了他所有煩惱。他立刻跑回去告訴目犍連說：

「目犍連，我找到了一位聖者可當我們的老師了。」

舍利弗把聽到的佛法一一轉告他，對方聽了也歡喜不已，便決定率領徒眾到精舍拜見佛陀。

佛陀一見他們，便覺得自己所證悟的法，終於有了真正理解的人，而他們後來都成了法門龍象，舍利弗是「智慧第一」，目犍連是「神通第一」。

總之，非常重要的一點是：「見緣起即見法，見法即見佛。」

一切萬有皆由因緣的聚散而生滅，叫做因緣生，或緣起、緣生、緣成。凡由因緣生滅的一切法，叫做因緣生滅法；而由因與緣和合所生的結果，叫做因緣和合。

一切萬有皆由因緣和合而假生，無有自性，這即「因緣即空」的道理。若以煩惱為因，以業為緣時，便會招感迷界之果；以智為因，以定為緣時，則能招感悟界之果。

因即是緣的意思。因就是引生一切諸法的直接與內在原因，與諸法有親密關係，故叫親因緣；凡具有因緣之狀態者，稱為因緣性。

當年，印度外道對因緣所生法中一直誤解和執迷它有自性，而不通曉因緣的真諦，所以佛陀再三給他們演說因緣諸法，無奈，他們始終難以領悟。

再讀《佛說老女人經》一則話，更能理解「因緣」的含義。

某年，釋尊住在古墮舍羅，一天，一位老婦人手持枴杖，慢慢走到釋尊的住處。她先向釋尊作禮後，再憂愁地稟告：

「世尊，請問人從那兒來？又走向那兒去呢？衰老從那兒來？走向那裏去呢？病從那裏生起，又去那裏呢？死從何來，又消失到那裏呢？其它如眼、耳、鼻、舌、身、意等六根，以及地、水、火、風、空等五大，全部從那裏來，又往那兒去呢？」

釋尊說：「你的問題很好，但生既無來處，也沒去向。其他老、病、死和眼、耳、鼻、舌、身、意、地、水、水、風、空等，也全部沒有來處，更無去向，萬法皆如此。譬如兩棵樹互相摩擦生火，燃燒著木頭，等到木頭燒完，全都像火熄一樣了。老太太，你想那把火從那兒來，又去那裏了呢？」

「因為樹木互相和合或摩擦的因緣才會起火，因緣離散了，火也就消失了。」老婦人回答。

「正是這樣。因為宇宙萬眾全部靠因緣成立，一旦因緣離散，也就全部消滅了。萬法既無來處，亦無去處，理由完全相同。」

譬如鼓上有皮，有人敲打鼓上的皮，才會發出聲音；所以，皮、人的手、和敲打等三種因緣相合才生出聲音，而聲音屬於空，沒有實體，這不是皮會發音，也不是人的手會發音，聲音本身就是空的。

譬如雲引起黑影成雨，同樣地，雨也不是從整體出來，諸法也全部沒有來去的所在。

譬如畫家先得張開畫布，再運用各種顏色，任意作畫，畫不是從畫布產生，更非來自畫家的手，而是依據他的意思造成的。同樣地，生死也是根據各自所造之行，而生出起滅結果。就像罪禍伴隨著地獄的生死，善業也伴隨著天上人間的生死。

釋尊列舉各種例子來為老婦人講解世間萬物，全部出自因緣的道理。

佛陀出身釋迦族王子，年輕就享受榮華富貴，吃喝玩樂，應有盡有，但他發覺這不是人生的究竟解脫；之後訪師學到最高禪定—非想非非想處，發覺也不能完全脫離苦海；於是去修苦行，長達六年仍不能解脫，這可說是「因」。當他放棄苦行，坐在菩提樹下，於晨曦微現中注視菩提樹葉，發覺光合作用滋潤萬物生長微妙情狀，可說是極佳良「緣」，最後大徹大悟，則為結果。我們凡夫若沒有像釋尊出家修行幾年的「因」，即使同樣坐在菩提樹下，於晨曦中注視菩提樹葉，也不能證悟，意謂無因有緣也不能結果，因為這不是因緣。

同理，科學家牛頓先有淵博的物理學知識即是「因」，被落下蘋果打中頭頂即是緣，於是才能悟出「萬有引力」即為果，而這正是因緣果報。反之，我們若無極高的物理學知識（無因），頭頂被落下蘋果打中一百次（有緣）也無法悟出什麼結果，故無因有緣也非因緣。

孔子與佛陀的中心思想屬於兩個完全不同的範疇，且性質也南轅北轍，故不能相提並論。

總的來說，孔子學說全在人間事，世間法而佛陀卻指出宇宙萬物的來龍去脈，皆由因緣生滅，包括人世與生命在內，範圍廣泛，觀察透徹，屬於出世間法，對人類的影響太深太大，古今中外，也無出其右，絕對不是言過其實。

四八、觀察大自然，功力有高低

㈠、孔子站在河邊說：逝去的就像流水這樣啊！日夜不停地奔流。（子罕篇）

㈡、孔子說：禾苗成長後而不吐穗開花的，有這樣的情形啊！吐穗開花而不結實的，也有這樣的情形啊！（子罕篇）

㈢、孔子說：天氣寒冷，才知道松柏能挺立在所有樹木中，是最後凋落的。（子罕篇）

【佛法解說】

人類歷史上，幾乎所有藝術家、哲學家、思想家、文學家或宗教家，都喜歡親近大自然，有時甚至將整個身心融合在大自然懷抱中如醉如癡，或樂此不疲，孔子也不例外，從中得到寶貴的靈感和啟示，佛陀尤其對大自然的領悟可說前無古人，後無來者；他那無上正等正覺何嘗不是從它得到啟發，之後才驚嘆：「原來草木國土也有佛性。」關於這一點，不妨先讀《佛陀傳》一段精彩的描述（《追隨佛陀行跡》一行禪師著）

「悉達多看到菩提樹葉在風中飄動，好像對他招呼，深入觀察那片葉子時，便清楚地看到太陽和星星的存在。沒有太陽，沒有光和熱，那片葉子絕對不可能生存；這就是『有此故有彼』。另外，他也從那片葉子中看到雲的存在。沒有雲，就不可能有雨，若沒有雨，就不可能有樹葉。他也看到了大地、時間、空間和真心。一切都存在那片樹葉中，其實，在這剎那間，全宇宙都存在那片樹葉之中……。」

可見佛陀在求道過程中，在證悟之前便對大自然的一片樹葉有過透徹的觀察，才發現一片樹葉是一種美妙的奇蹟。世間的你我凡夫，即便每天看到樹葉也無動於衷，反而厭憎它把馬路弄髒了。不然，也只知在春季長出，秋冬掉落葉而已，那能像悉達多從此悟出因緣法來呢？

他觸類旁通，知道樹葉與自己的真面目，也了解到樹葉和自己的肉體原來一樣，彼此都沒有分別和永恆的自我；也就是一切現象的本質是相互依存和空性……天上白雲也許晚上遇到冷氣而轉變為雨，雲只是外顯的形態，而雨則是另一種，雲也是不生不死，一旦冷卻成雨，落在山谷中、森林裏、稻田上，都會受到歡欣，因為它滋潤了萬物，成就了生命。

從此讓悉達多悟解自我的無常與空是生命的必然狀態。哇！悉達多坐在菩提樹下，從一片樹葉便觀察到如此豐富的宇宙奧秘，這恐怕是人類歷史上絕無僅有的吧!?

如再往前說，悉達多十二歲那年，隨父王巡遊各地，當他們走到田野上，目睹一個農夫穿破衣在犂田，老牛拖著沈重的步伐，不勝負荷地勉強前進，而農夫也發出喘息，結果使他生起慈悲心。還有犂翻起土壤時，小蟲呈現，便被遠處的飛鷹俯衝下來，啄食得一隻也不留，不料，一隻老鷹突然飛來，又兇猛地把啄食小蟲的鳥兒吃掉了，眾生相殘的景象，我們凡夫早已司空見慣，因為牠們在大自然的舞台所演出的優勝劣敗，多得不勝枚舉，但是，這卻震撼了悉達多的心房，埋下他日後尋求苦惱解脫的種子，可見他有非同小可的觀察力。

成佛之後，在他眼裏的山河、星月、天空、樹林、一草一木、微塵寸土都含有生命，這是他最大發現，也是眾生可喜的原因。因此引申，眾生不必在身外尋求開悟，一切智慧與力量自身都已具備，試問世間還有誰能從大自然中領悟到這一點呢？

有一次，佛陀去找迦業的僧團，雙方展開一場很長與精彩的辯論，例如他們談到水的問題，迦業認為水不能幫一個人達到解脫，雖然恆河有成千上萬的人在洗澡，想要淨化自己，但是，水會自然往下流，只有火是往上升的，人死的時候，肉體因為有火才能隨煙上升……。佛陀馬上依據自己對大自然的觀察心得，提出睿智的反駁說：

「迦葉大師呵！萬物的存在都是相互依賴，例如我手中這片葉子，必須仰賴泥土、水分、熱力、種子、樹林、雲、太陽、時間、空間……等因緣來促成，只要有其中任何一項缺失，就不可能有這片葉子存在。所以，一切眾生包括生物與無生物都依循不獨立的共生法則。一切事物的根源即是一切事物……。」

這段解說折服了迦葉及其徒眾，結果統統皈依了佛陀。據《阿育王傳》卷第三說，其中釋尊住在摩尼羅國時，佛陀問阿難：「你看見前面有一大片巨大的綠樹高山嗎？」

「我看見了。」阿難回答。

「你看仔細吧！那是一座馳名的優留曼荼山，我入滅後一百年，會出現一位修行者叫做商那和修，他將會在這座山上蓋好全國第一座禪寺叫那哆婆哆寺，廟裏會有一位出家人優波笈及多，尊奉商那和修為大師。那時候，摩突羅國王辛塔卡嫌惡佛教，甚至迫害佛教。於是，優皮笈及多會向不可一世的阿育王提出控訴，而且藉著阿育王的力量，迫使辛塔卡來保護佛教，阿育王也從此千古流芳。」

釋尊一面遠眺優留曼荼山，一面繼續說：

「不僅這樣，優波笈及多的教化成功與盛況，遠超過人們的想像之外。」

當時的佛陀早已具有通達三世因果的智慧，知曉過去未來的超能力，所以目睹這座綠樹高山，便馬上能洞悉它的來龍去脈和今後的各種變化，而這種非凡的觀察力，只有人天導師的佛陀才有，絕非人間的至聖先師孔夫子所可比擬。

同理，古今的詩人墨客坐在樹蔭下溪流畔，觀賞優美的景物，享受清風徐來之餘，文思洶湧，吟詩寫作，僅此而已，而不可能悟出世間的道理；再說大科學家牛頓坐在蘋果樹下，剛巧被一個蘋果落下擊中，也只能悟出「萬有引力」，而無法再深入洞悉所有人天的智慧；縱使如此，也給人類文明帶來巨大的衝擊，何況像佛陀那種慧根、福德和因緣俱足者，觀察自然界之後，竟能得到究竟解脫，給予六道眾生一線希望的曙光，難道不是獨步古今嗎？孔夫子能夠見山是山，見山不是山，見山又是山三種不同層次嗎？這何嘗不是觀察力的另一種提升呢？豈止心態之不同而已!?

後代禪師得力大自然的啟發而開悟者為數不少，不說古代，光說泰國現代高僧佛使比丘，自幼在森林裏成長修行，在大自然懷抱孕育而大徹大悟。所以，他對自然的觀察有過精闢的見解，而這也不妨當作佛陀的內心話，肴望學佛人再三深思：

「若要真正解脫，必須向大自然學習。我早年在森林中修學，因為觀察動物的夜間活動，便肯定『法』不像世俗一樣在夜晚入睡。真正修法的人，身體雖然入睡了，心靈卻永遠保持清醒，隨時能觀察萬物真相。在大自然中獨處時，要能用：『倘若害怕各種情況，也要持續下去，直到恐怖消失』來訓練自我，用心去聽、去看；直接面對後，才體驗到佛法——本來如是。」

總之，修行佛道或思考問題能偶爾選在大自然裏，會有意想不到的收穫。那裏是靈感的泉源，一草一樹、一隻小蟲或一條水溪都是修習的對象，誠如佛陀說：「情與無情，同源種智。」例如仰望明月，會湧起思鄉情懷；目睹花開花落，會有無常之感；瞭望天邊，環視大海，不禁覺悟自身雖然渺小，力量微不足道，若肯一心向善，努力精進，也能立功、立德、立言，影響千秋百世，利益無數蒼生，彷佛佛陀、孔子一般，不就是最好的榜樣嗎？

但願現代人盲目追求俗世快樂之餘，也能抽空到森林裏享受一番不同的情趣，淨化自己污穢的心靈吧!?

國家圖書館出版品預行編目資料

佛陀與孔子／劉欣如　編著
——初版——臺北市，大展，2017[民106.11]
面；21公分——（心靈雅集；81）
ISBN 978-986-346-185-2（平裝）
1.佛教 2.儒家
218.3　　　　106016142

佛陀與孔子

編　　著／劉　欣　如
責任編輯／孟　　甫
發 行 人／蔡　森　明
出 版 者／大展出版社有限公司
社　　址／台北市北投區（石牌）致遠一路2段12巷1號
電　　話／(02) 28236031・28236033・28233123
傳　　真／(02) 28272069
郵政劃撥／01669551
網　　址／www.dah-jaan.com.tw
E-mail／service@dah-jaan.com.tw
登 記 證／局版臺業字第2171號
承 印 者／傳興印刷有限公司
裝　　訂／眾友企業公司
排 版 者／千兵企業有限公司
初版1刷／2017年（民106）11月
初版2刷／2019年（民108）2月

定　價／250元

大展好書　好書大展
品嘗好書　冠群可期

大展好書　好書大展
品嘗好書　冠群可期